本书系教育部福建师大基础教育课程研究中心2021年开放课题
"要素导向式小学语文阅读教学的策略研究"（编号：KCX2021034）
及福建省教育科学2019年度规划课题
"小学语文统编教材练习系统思维分层训练的教学运用研究"
（编号：2019XB1525）研究成果

郭忠英/著

指向语文要素的
教学与实践

海峡出版发行集团 | 福建教育出版社

图书在版编目（CIP）数据

指向语文要素的教学与实践/郭忠英著. —福州：
福建教育出版社，2023.7（2024.11 重印）
ISBN 978-7-5334-9696-8

Ⅰ. ①指… Ⅱ. ①郭… Ⅲ. ①小学语文课—教学研究
Ⅳ. ①G623.202

中国国家版本馆 CIP 数据核字（2023）第 131722 号

Zhixiang Yuwen Yaosu De Jiaoxue Yu Shijian

指向语文要素的教学与实践

郭忠英　著

出版发行	福建教育出版社	
	（福州市梦山路 27 号　邮编：350025　网址：www.fep.com.cn	
	编辑部电话：0591-83726908	
	发行部电话：0591-83721876　87115073　010-62024258）	
出 版 人	江金辉	
印　　刷	福州印团网印刷有限公司	
	（福州市仓山区建新镇十字亭路 4 号）	
开　　本	710 毫米×1000 毫米　1/16	
印　　张	13	
字　　数	173 千字	
插　　页	2	
版　　次	2023 年 7 月第 1 版　　2024 年 11 月第 2 次印刷	
书　　号	ISBN 978-7-5334-9696-8	
定　　价	35.00 元	

如发现本书印装质量问题，请向本社出版科（电话：0591-83726019）调换。

序

对基础教育课程改革而言，质量是出发点，教材是载体，课堂是落脚点。

2022 年 4 月，教育部印发了《义务教育课程方案及课程标准（2022 年版）》，标志着以核心素养为导向的课程改革正式进入实施阶段。领会与落实新课标的精神，推进教学观念和教学行为转变，是一线教师面临的挑战。

呈现在我们面前的这本书，是郭忠英老师多年来用教材教语文，落实语文核心素养的研究成果。她立足课程改革语境的理念，从教科书的核心概念语文要素出发，提出语文要素导向教学的主张，推动新课标与教科书相互关照，落实课程标准的理念和要求，提高课堂教学质量。

语文要素导向教学，是反思统编教科书应用经验的教学实践，是指向核心素养教育改革的教学转型。本书通过学理阐释和案例举隅，对语文要素导向教学进行"教—学—评"一体设计，凸显了三方面的特点。

其一，在研究价值方面，要素导向教学，找准了课程由顶层设计向基层落实的焦点。郭忠英老师关照了核心素养—语文核心素养—语文要素，从宏观、中观、微观三个层面对育人目标呼应，找准了三者从顶层设计—中层夯实—基层落实的焦点。书稿从六个部分，展示从理论理解走向实践运用的路径：第一章阐述要素导向教学的价值意义、内涵特征和设计思维；第二至第六章对统编教材的理解类、概括类、体会类、策略类、文体类语文要素，清晰地展开教学解读、教学设计和学业评价的理论架构和实践示例，为教师正确地理解、运用课程标准提供支持与服务。

其二，在研究视野方面，要素导向教学，凸显了课标的理论学习向行动转化的重点。郭忠英老师借鉴了国内外新的、前瞻性的研究成果，以系统思维作为学术依据，以瞻前顾后的视角，系统解读语文要素，厘清小学阶段语文要素大概念图谱，发挥语文要素的关联性；以左右勾连的路径，系统落实语文要素，规划实施层层递进的链式单元整体教学，赋予语文要素更丰富的学习意义。保障要素、能力和素养顺畅地衔接、提升与转化，使教学不断走向纵深，实现学生语文核心素养的发展。

其三，在研究内容方面，要素导向教学，消解了教学中"教—学—评"一致的难点。突破性地从学业质量、认知过程、课程目标三个角度，解构要素的组成元素，明晰要素能力进阶，确定教学目标，发挥要素精准导教的作用；通过链式单元整体教学、进阶式学习任务，规划要素落实路径，改变学习方式，发挥要素精确导学的作用；以要素为重点、素养为主线，整合新课标的学段目标、教学提示、学业标准，研制学业评价框架和标准，精进了语文要素的评价导向作用。难能可贵的是，郭忠英老师的研究实践，充满了对学生核心素养发展的关切，不仅从义务教育阶段学业水平出发，还将视野投向高中阶段，贯通义务教育阶段和高中阶段学业水平，准确地把握各个学段的特点，精准地将核心素养融入教学实践之中，体现了小学教师的"大担当"。

语文要素导向教学，为新课程、新课标落地，找准了焦点、突出了重点、消解了难点。本书的研究成果，与其说是写出来的，不如说是做出来的，是实践探究出来的。期待广大一线教师从中借鉴教学研究的思路和方法，朝着基础教育课程改革的方向不断探索，努力将课程标准转化为生动的课堂育人实践。

福建师范大学教授、博士生导师 余文森

2023 年 5 月

目　录

第一章

“语文要素导向”教学的内涵意蕴

当前，学生发展核心素养已成为世界各国教育的重要议题，研究学生发展核心素养是落实立德树人这一根本任务的一项重要举措。2016年《中国学生发展核心素养》研究成果发布，以培养“全面发展的人”为核心，将核心素养分为文化基础、自主发展、社会参与三个方面，综合表现为人文底蕴、科学精神、学会学习、健康生活、责任担当、实践创新六大素养，具体细化为国家认同等十八个基本要点。核心素养主要通过课程改革、教学实践、教育评价三方面落实。《义务教育统编小学语文教科书》（下文简称“统编教科书”），通过语文要素层层推进语文核心素养，实现语文知识的积累与能力的发展，进而提升学生的语文素养。因此，“语文要素导向”（下文简称“要素导向”）的教学实践和研究是教育发展和课程改革的需要。

第一节　“要素导向”教学的价值意义

一、语文教材的科学化与语文要素创新的必然

（一）回溯语文教材的沿革

语文教科书是最重要的语文教育资源，是基础教育课程改革最重要

的组成部分。中华人民共和国成立以来，语文教科书内容的科学化经历了三个阶段：

一是汉语文学分科教学。1956－1957年，语文教科书主要以知识理解为编制核心，即语文教学中要有计划、有步骤地学习语文知识，这一观念至今仍然影响着中小学语文教学。此次改革是在探索语文教学内容科学化道路上迈出的第一步。

二是加强语文双基训练。1985年起，语文教科书重视研究学生学习方法和规律，人教版语文教科书明确了语文教学的基本任务，对小学语文读写训练项目作了系列化安排。从关注知识到知能并重的变化，符合语文课程的性质和语文学习的特点，有利于学生读写能力的协调发展，体现了教学内容科学化的重大进步。

三是双线组织单元结构。2016年教育部审定的《统编小学语文教科书》（以下简称"统编教科书"），反思了国内近20年的基础教育课程改革，是语文教科书科学化的第三次探索。针对"淡化知识"的倾向、"重素质轻知识"的弊端，以语文素养为指向，进行语文要素的提炼。以语文要素的形式，呈现每个年级、每个单元需要学习的知识、能力、方法和策略。改变了以往的语文教材只提供课文内容，需要教师依据个人经验确定其中蕴含的知识、方法的现象。从而解决了语文教育的两大问题：一是解决了语文学科学什么、为什么学以及学到什么程度的问题，二是解决了如何建构符合学科规律、适应学生发展的目标序列的问题。明晰了语文课程内容，强化了语文学习的系统性，推动了教材建设走上科学化道路。

（二）语文要素的创新必然

回溯语文教科书的发展脉络，我们能清晰地看到，随着社会发展对人才培养提出与时俱进的要求，语文课程能力培养的价值取向，也经历了由知识型－能力型－素养型的三次迭代。

语文要素作为单元学习的主线、明线，这一编写思路，借鉴了20

世纪 70 年代至 90 年代人教版《全日制十年制学校小学课本（试用本）语文》的编写特点，以读写训练作为语文学习的主线。单元贯穿"人文主题"的暗线，与"语文要素"明线均衡递进，形成双线组元的结构。可以说，语文要素是统编教科书的创新举措，是构建语文训练体系的必要部分。

二、课程理念的科学化与"要素导向"教学的应然

（一）辨证课程核心概念涵义

"语文素养""语文核心素养""语文要素"，是近年来语文课程教学与讨论的热点，也是近二十年来各版《语文课程标准》高频出现的热词。它们源于语文课程改革的科学探索，承载着课程核心概念的不断发展。

三者从字面上看，相似度高，是由修饰语"语文"，分别与"素养""核心素养""要素"等中心词组成的偏正短语；从语意上品，亦为相近，让我们难以辨清。从三个概念的"出生"，语文课程的性质与理念的角度来考究，能帮助我们厘清三者的关系，准确地理解语文课程核心概念的内涵。

1. 语文素养。

2001 年颁布的《义务教育语文课程标准（实验稿）》，将语文课程的性质界定为工具性和人文性的统一，并且将"语文素养"作为课程的核心概念。"课程性质与地位"强调了"语文课程应致力于学生语文素养的形成与发展"，"课程的基本理念"第一条提出了"全面提高学生的语文素养"。由此，语文课程进入"素养—养成"模式。其后，经历了十年的实验和讨论，"语文素养"在语文教育界得到普遍认同。

《义务教育语文课程标准（2011 年版）》（下文简称"《课程标准（2011 年版）》"）对语文素养的内涵作了说明："语文课程应激发和培育学生热爱祖国语文的思想感情，引导学生丰富语言积累，培养语感，发展思维，初步掌握学习语文的基本方法，养成良好的学习习惯，

具有适应实际生活需要的识字写字能力、阅读能力、写作能力、口语交际能力，正确运用祖国语言文字。语文课程还应通过优秀文化的熏陶感染，促进学生和谐发展，使他们提高思想道德修养和审美情趣，逐步形成良好的个性和健全的人格。"

简而言之，语文素养是指学生比较稳定的、最基本的、适应时代发展要求的听说读写能力修养，以及在语文方面表现出来的文学、文章等学识修养和文风、情趣、价值观等人格修养。培养语文素养的三个维度，即知识与能力、过程与方法、情感态度与价值观。

2. 语文核心素养。

随着课程改革的不断推进，语文核心素养应运而生。2013年教育部启动普通高中课程修订工作，2016年提出"语文核心素养"概念。《普通高中语文课程标准（2017年版）》提炼了语文核心素养，将之概括为"语言建构与运用""思维发展与提升""审美鉴赏与创造""文化传承与理解"四个方面。建构以语文学习任务群为组织形态的课程内容，将高中阶段的语文课程组织为18个学习任务群，意味着语文课程推进到"核心素养—实践"模式。

《义务教育语文课程标准（2022年版）》（下文简称为"《课程标准（2022年版）》"）提出"语文课程围绕核心素养，体现课程性质，反映课程理念，确立课程目标"，在"课程目标"部分具体说明核心素养的内涵：核心素养是学生通过课程学习逐步形成的正确价值观、必备品格和关键能力，是课程育人价值的集中体现。义务教育语文课程培养的核心素养，是学生在积极的语文实践活动中积累、建构并在真实的语言运用情境中表现出来的，是文化自信和语言运用、思维能力、审美创造的综合体现。

3. 语文要素。

统编教科书立足于学生语文核心素养的发展，提出了"语文要素"这一核心概念，并将此作为"双线组织单元结构"的一条线索。统编教科书的执行主编陈先云老师指出"所谓语文要素就是语文训练的基本元素，包括基本方法、基本能力、基本学习内容和学习习惯。全套统编教材统筹规划语文要素，尝试建立语文训练体系"。统编教材总主编温儒敏教授认为"语文素养的各种基本因素，包括基本的语文知识、必需的语文能力、适当的学习策略和学习习惯，以及写作、口语训练等知识或能力训练的点，称为语文要素"。

从统编教科书编者的阐述中，我们可以理解语文要素的内涵，它是语文素养的各种基本因素，包括必备的语文知识、基本的语文能力、适当的学习策略和良好的学习习惯等，是将学段的目标分解、细化为若干知识或能力的"点"，将之合理编排在单元的导语、助读系统、练习系统之中，由此构建层级序列较为清晰的课程内容目标体系。它标志着我国语文课程从义务教育至高中阶段全面进入"核心素养—实践"模式。

（二）理清概念的联系与区别

三个核心概念之间有何联系与区别？语文素养"包含"了语文核心素养，语文要素"细化"了语文核心素养。语文素养是指学生在语文方面表现的比较稳定的、最基本的、适应时代发展要求的学识、能力、技艺和情感态度价值观。语文核心素养，是核心素养在学科领域的具体化，是通过语文课程能够表述的最要的内在品质和人格，或者说是正确价值观、必备品格和关键能力的集中反映。语文要素，作为语文核心素养中的各类因素在教科书中落地生根的直接表现，是帮助学生习得语文知识、发展语文能力的有力抓手。

综上所述，语文要素是语文教材科学化的必然，统编教材提出的这个核心概念，是在反思过程中逐渐演绎而来，是随着学科教学研究不断深化而动态发展的概念，反思和纠正了教材编写进程中弱化语文知识学习、虚化语文能力训练的偏差。"要素导向"教学是语文课程理念科学化的应然，是随着课程理念科学发展的实践模式，指向和追求系统、科学、精准地落实语文核心素养。

第二节 "要素导向"教学的内涵特征

语文课程依次从语文核心素养、《课程标准》、语文要素三个层面，体现了宏观、中观、微观的育人目标。统编教科书依托语文要素，构建了层级分明、序列清晰的课程内容目标系统。因此，它是落实核心素养的方向、抓手、路径，具有重要的教学导向作用。

一、"要素导向"教学的定义

什么是"要素导向"教学？也就是在语文教学中，把握统编教材以语文要素作为组织单元内容的主线、明线的特点，以语文要素为学习的发展性目标，以课标的学段目标为基础性目标，以选文的独特教学价值为个性化目标，围绕此三维目标，择取教学内容，设计与实施教学活动，评价学习效果，实现知识建构系统化、能力发展序列化、学习方法实践化、学习习惯良好化的教学实践。

二、"要素导向"教学的内涵

鉴往知来，回望语文教材沿革的科学化进程，厘清语文课程的核心概念发展历程，有助于我们进一步理解：语文要素具有重要的教学价值，是落实学生语文素养的航标、抓手、路径；而语文要素导向的教学，为基于核心素养教育改革的课堂教学转型，提供了教学实践的范式。

"要素导向"教学，通过互为关联、层层递进的学习活动，发挥要素对教、学、评的导向功能，有效推进学生语文核心素养的形成与发展。从教的角度，聚焦要素，选择教学内容和教学方式，落实"教什么""怎样教"，让教有方向；从学的角度，围绕要素，确定学习活动和学习方式，落实"学什么""怎样学"，让学有成效；从评的角度，指向要素，确定评价内容和方式，落实"教得怎样""学得怎样"，让评有抓手。

三、"要素导向"教学的特征

"要素导向"教学，是基于统编教材应用经验的教学反思，进行体系、科学、精准的教学实践。

1. 体系化——归类与分析教材每个单元导语的语文要素，勾画语文要素体系的全景图谱，定位每一个语文要素在体系中的地位，克服要素学习的片面性。

2. 科学化——从教学流程的三向度，即制定教学目标、选择教学内容、实施教学过程，落实语文要素的学习、巩固、迁移、提升，研究要素导向教学的策略，避免要素学习的机械性。

3. 精准化——从教学实效的三精度，即目标、活动、评量，调控教学活动精准度，保障要素导向实效，纠正要素学习的随意性。

总之，以语文要素为导向的教学实践，具有重要的现实意义，既是统编教材教学应用的新趋势，也是指向语文核心素养的教学转型的新思路、新策略。

第三节 "要素导向"教学的设计思维

语文要素具有教、学、评的教学导向价值，是教师解读教材、制定目标、设计与实施教学、开展教学评价的重要依据。然而，观察当前的语文教学，我们不难发现，在落实语文要素方面，存在亟待改进的问题，诸如：推进碎片化，忽视语文要素整体性形式的存在特点；方法简单化，脱离语言实践的要素知识讲授；发展同质化，各年级的语文要素学习要求同质化，等等。如何克服这些教学弊端呢？

一、系统思维——发挥要素导向教学的价值

需要我们以要素为导向，改变分散、割裂、简单的思维方式，以更具全局和整体的"系统思维"，系统解读与系统落实语文要素。关联前后年级语文要素之间的内在联系，整合单元整组语文要素训练的内在逻辑，落实语文要素转化为语文素养的内在要义，从而发挥语文要素导向的教学价值，实现教学的体系化、精准化、科学化。

什么是"系统思维"？从古至今，"系统"大体经历了从"思想"到"现代科学思想"的发展。"整体大于部分之和"是先哲亚里士多德提出的古代朴素整体观，是现代系统论的基本原则之一；1925－1926年，"把有机体当作一个整体或系统来考虑"是系统论创始人贝塔朗菲提出的观点。系统思维是把认识对象作为一个完整的系统，从系统和要素、要素和要素、系统和环境等的相互联系、相互作用中综合地考察认识对象的一种思维方法。

系统教学思维，是系统思维在教学领域的运用，将教学作为一个系统来研究。在教学设计和实施中，许多我们认同的观点和实践的经验，就是属于系统思维的产物。例如，基于所在教学单元的背景，教学一篇课文；基于所在一册教材的背景，教学一个单元；基于年级、学段或义务教育全段的背景，教学一册教材。

运用教学系统思维，进行语文要素的系统解读和系统落实，能发挥统编教材的整体性、关联性，联结语文要素知识体系的内在关系，绘制语文要素图谱，整合语文要素学习过程的内在逻辑，设计单元整体教学，落实要素转化为素养的内在要义，充分发挥要素导向的教学价值。

二、系统解读——绘制语文要素关系图谱

语文要素是蕴含在教材不同单元的知识、方法、能力、态度的"点"，不同的"点"之间为横向联系，一个"点"的内部又按照螺旋上升的方式编排，为纵向发展。关注语文要素的纵横联系，绘制语文要素关系图谱，有助于我们从整体上把握好语文要素在各单元、各年级、各册之间的联系，掌握全套教材的知识与能力、方法与态度的体系。

1. 关注横向联系，厘清要素大概念图谱。

语文要素，通过单元的导语言简意赅地阐明单元训练重点，通过课文中的"小泡泡"、课后的习题、语文园地的交流平台及词句段运用等板块逐项细化、逐步实施。因此，教师可以关注要素间的横向逻辑关系，统计分析，整合归类，系统地解读要素。统编教科书的语文要素有三个维度，阅读、表达（口语和书面）、习惯。在本书，我们研究的是阅读教学，因此梳理时关注了阅读和习惯的要素。

首先，梳理三年级至六年级的阅读单元的语文要素，再根据语文要素中的关键认知动词和名词，辨析要素的异同，整合、归并同类的语文要素。这样，我们将语文阅读要素大致整合归类为理解词句段意思、把握主要内容、体会评价、阅读策略、文体阅读等五大类（下文简称为：理解类、概括类、体会类、策略类、文体类）。它们是指向核心素养发展的学习任务，是单元语文要素的上位概念，是语文要素的"大概念"。

语文要素的"大概念"呈现了统编教科书中语文要素的横向组织关系，将单元语文要素的安排情况、要素类型、要素大概念以表格的形式梳理，形成要素大概念图谱，直观地呈现要素的横向组织关系，如表1-1要素大概念图谱（图谱中"一下3"表示"一年级下册第三单元"）。它有助于我们了解教科书的知识能力体系、语言文字体系，整体把握语文要素在各年级、册次和单元之间的联系，有助于将语文要素转化为有效的教学行为。

表1-1　要素大概念图谱

要素 大概念	要素 类型	要素单元安排
理解 词句段 意思	了解 词意	一下3联系上下文理解词语意思；一下6联系生活了解词语意思；二上4联系上下文、生活经验，了解词句意思；二下4读句子，想象画面
	理解 词句 段意	三上2运用多种方法理解难懂的词语；三上6借助关键语句理解一段话的意思；三上8学习带着问题默读，理解课文意思；三下3了解课文是怎么围绕一个意思把一段话写清楚的；三下4借助关键语句概括一段话的大意；三下6运用多种方法理解难懂的句子

要素 大概念	要素 类型	要素单元安排
	推想 词意	五下 2 课后题：遇到不懂的词句，猜测大致意思；六下 5 词句段运用：能借助文言文里学过的字的意思，推想词语意思
概括 主要 内容	说明 说理	三下 7 了解课文是从哪几个方面把事物写清楚的；五上 8 根据要求梳理信息，把握内容要点；六上 6 抓住关键句，把握文章的主要观点；六下 1 分清内容的主次，体会作者是如何详写主要部分的
	故事 叙事	三下 8 了解故事的主要内容，复述故事；四上 4 要素 1 了解故事的起因、经过、结果，学习把握文章的主要内容；四上 7 关注主要人物和事件，学习把握文章的主要内容；四上 8 了解故事情节，简要复述故事；四下 6 学习把握长文章的主要内容；五上 3 了解课文内容，创造性地复述故事；五下 6 了解人物的思维过程，加深对课文内容的理解
体会 文章 主旨	感受 语言	三上 1 关注有新鲜感的词语和句子；三上 7 感受课文生动的语言，积累喜欢的语句；三下 1 要素 2 体会优美生动的语句；五下 8 感受课文风趣的语言
	理解 形象	三下 1 要素 1 试着一边读一边想象画面；四上 1 边读边想象画面，感受自然之美；六上 1 从阅读的内容想开去；六上 7 借助语言文字展开想象，体会艺术之美
		四上 6 学习用批注的方法阅读；通过人物的动作、语言、神态体会人物的心情；四下 7 从人物的语言、动作等描写中感受人物的品质；五下 4 通过课文中动作、语言、神态的描写，体会人物的内心；六下 4 关注外貌、神态、言行的描写，体会人物品质，查阅相关资料，加深对课文的理解

要素大概念	要素类型	要素单元安排
体会文章主旨	体会主旨	四下 1 抓住关键语句，初步体会课文表达的思想感情；五上 4 结合资料，体会课文表达的思想感情；五上 6 体会作者描写的场景、细节中蕴含的感情；五下 1 体会课文表达的思想感情；六上 8 借助相关资料，理解课文的主要内容
	领悟表达方法	四上 3 体会文章准确生动的表达，感受作者连续细致的观察；四下 4 体会作家是如何表达对动物的感情的；五上 1 初步了解课文借助具体事物抒发感情的方法；五上 7 初步体会课文中的静态描写和动态描写；五下 7 体会静态描写和动态描写的表达效果；六上 2 了解文章是怎样点面结合写场面的；六下 5 体会文章是怎样用具体事例说明观点的
阅读策略	阅读策略	三上 4 预测；四上 2 提问；五上 2 学习提高阅读速度的方法；六上 3 有目的地阅读
	阅读习惯	四上 6 要素 1 学习用批注的方法阅读；四下 2 阅读时能提出不懂的问题，并试着解决
文体阅读	儿童文学作品	三上 3 感受童话丰富的想象；四下 8 感受童话的奇妙，体会人物真善美的形象；三下 2 读寓言故事，明白其中的道理；四上 4 要素 2 感受神话中神奇的想象和鲜明的人物形象；四下 3 初步了解现代诗的一些特点，体会诗歌表达的情感
	优秀文学作品	五下 2 中国古典名著：初步学习阅读古典名著的方法；六上 4 小说：读小说，关注情节、环境，感受人物形象；六下 2 外国文学名著：借助作品梗概，了解名著的主要内容，就印象深刻的人物和情节交流感受

2. 关注纵向发展，梳理要素的全景图谱。

语文要素，是序列化的语文学科目标体系。按照认知的难易程度、教学的适用度和循序渐进的语文学习规律进行编排，或是依单元内部的课文逐步提升，或是循一册教材的不同单元、不同的学段依次提升，旨在理解基础知识，迁移基本方法，整体提升能力，发展语文核心素养。我们可以用瞻前顾后的视角，绘制语文要素全景图谱，呈现其纵向发展的序列。

关注教科书单元导语，对分布在整个单元、整册书、整个学段，乃至整个小学阶段的语文要素，根据学段的目标梳理语文要素的前后联系，把握能力层级的递进序列。语文要素的全景图谱，能帮助教师直观、深刻地理解课程目标和内容的要求，整体落实、落细语文要素。

例如图1—1，我们绘制"理解类要素全景图谱"。统计《教学用书》、教科书课后习题、课文"小泡泡"提示的语文要素的分布情况，主要分布在一至三年级的七个单元，也提示我们，中、低年级阅读教学的重点目标是字词句的理解和运用。

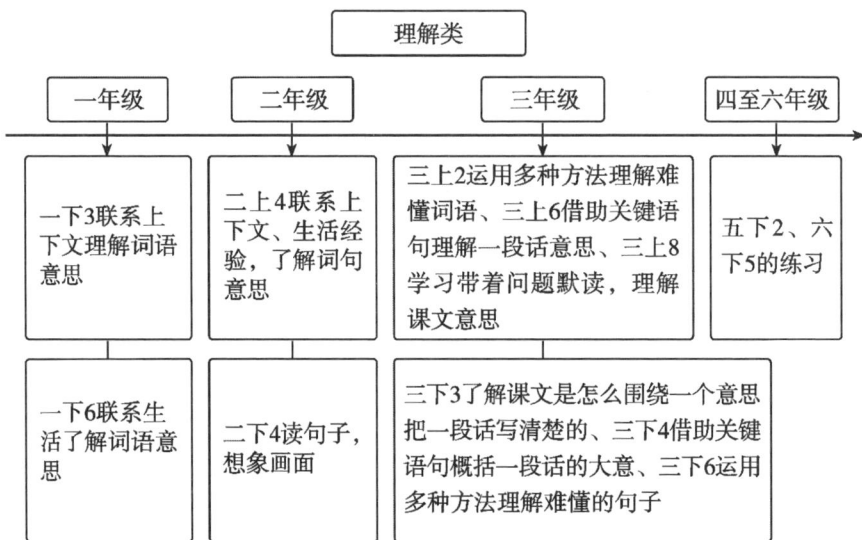

图1—1　理解类要素全景图谱

语文要素全景图的横向轴，直观呈现了语文要素大概念在各年级、册、单元的分布情况，前后关联地看图谱，可以全面把握要素训练层级

指向语文要素的教学与实践

和程度的发展。全景图的纵向轴，清晰地体现语文要素在相同年级两册教科书中安排，上下比照地看图谱，可以着力通过丰富的语言实践活动，促进一、二年级学生重点学习理解词句意思的方法。三年级上册对该项能力安排了一次梳理、提升，第二单元学习用多种方法理解难懂的词语，较之以往，可以确定本单元重点学习"运用"。单元学习中，应引导学生先总结、归纳已学的理解词语的方法，再主动选择、灵活运用合适的方法。在三年级下册第六单元，又安排了运用多种方法读懂难以理解的句子，这是基于上册理解词语能力更广泛、更深入的学习。当然，理解词句，并非止步于此，还需在后续的学习和阅读实践中反复、连续地灵活运用，以习得能力、发展素养。

要素全景图谱，助力我们精准定位语文要素在全段的学习进程，是语文要素实施落地的地图。例如，怎样依据"理解词句意思"要素全景图谱，从已学、正学、将学三阶段定位、落实语文要素呢？

看当前——正学：二年级上册第四单元的教学重点为联结语境、学习者的经验了解词句的意思，我们比照图1-1全景图发现，较之一年级的学习，本单元的难点即是新的学习内容，落在学习"了解句子的意思"上。

往回看——已学：一年级学生已经学习了了解词语意思的方法，其中"联系上下文"巩固了一年级下册第三单元，"联系生活"是对二年级上册第一单元的提升。如《小蝌蚪找妈妈》学习动词和描写蝌蚪外形的词语，结合语境联系上下文先说意思，对照图，演一演等印证自己的感受，还有先借助上下文和生活经验推测，再查字典验证。以上是学生学习的起点，这些方法在本单元需继续学习提高，同时，这些方法也可迁移到句子的理解，利用全景图我们确定学生可用哪些"已知"来学习"未知"。

向前看——将学：当前的学习，为了提升第二学段的学生对关键语句和重要段落的理解力，和第三学段对作品语言、形象、情感、主题的感受力，做好准备和铺垫。如此，图谱清晰地呈现已学、正学、将学，精准定位教学的起点、重点、难点，也为突出重点、突破难点提示了方法和路径。

三、系统教学落实——规划链式单元教学路径

规划语文要素从聚焦到落实的路径，是教师在教学中深感困惑和亟待解决的问题。教材语文要素组织的层次性、连续性，为解决这一问题提供了新思路。左右勾连地考察单元教材体系、内容体系、要素体系，规划"教材体系链—教学内容链—要素习得链"链式单元教学，层层递进，实施单元整体教学。

1. 教材体系链。

在整体关联的视角下，单元教材的每一个部分，成为落实要素的体系链上不可或缺的元素。单元导语点明要素；课文和练习落实了语文要素，贯穿方法指导，其中单元的精读课文是学习阅读要素，略读课文是运用语文要素，体现从学到用的过程；交流平台以学习伙伴间交流、分享的方式梳理总结语文要素的学习内容，进一步提炼阅读的方法、态度、习惯；词句运用和习作强化运用，习得方法。笔者以统编教材二年级上册第四单元为例，架构单元教学路径，见图1-2中"习得链"，体现了教材基于课程目标层层推进、环环相扣的系统性，是教师系统落实要素教学和学生综合提升核心素养的教学逻辑。

2. 教学内容链。

现代课程理论奠基人拉尔夫·泰勒提出：为了使教育经验产生累积效应，必须对它们加以组织，使它们起互相强化的作用。我们需精确掌握单元各部分教学内容的连贯性，在相关的学习活动中强化，产生学习的累积效应。因此，我们将一个单元的语文要素看作是一个由文本、练习题、习作等具体的教学内容承载的彼此紧密关联的体系，梳理以语文要素为重点的单元教学内容链，需要打通语文要素、教材选文、交流平台之间的联系。

　指向语文要素的教学与实践

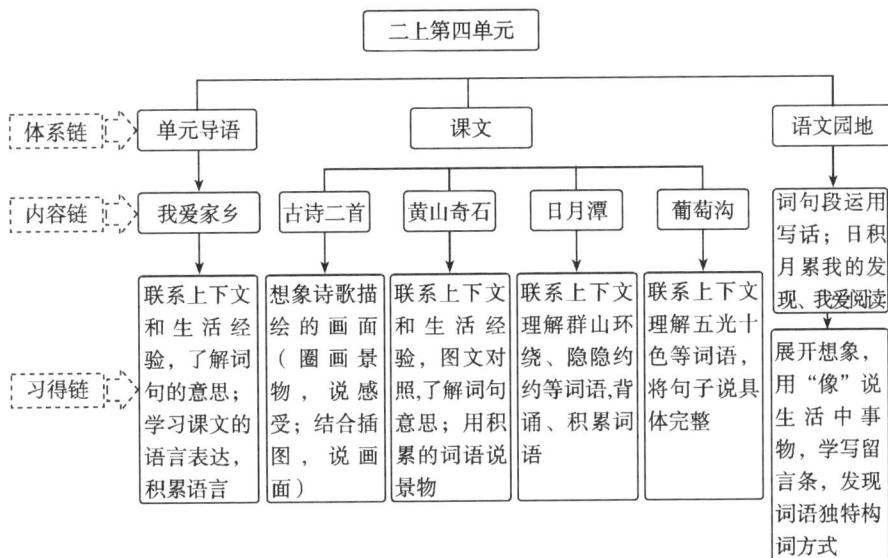

图 1-2 链式单元教学路径

例如，统编教材二年级上册第四单元，进行了解意思和积累词语的语文要素学习，见上图 1-2 中"内容链"，落实《课程标准（2022 年版）》第一学段"阅读与鉴赏"目标"结合上下文和生活实际了解课文中词句的意思，在阅读中积累词语"。围绕"我爱家乡"的单元主题，选编了两首古诗和三篇写景散文，选文语言优美，含义隽永，有助于两项语文要素的学习和训练。

教学内容之间以由浅入深的逻辑组织安排。首先，《黄山奇石》以"小泡泡"的方式，提示重点学习联系自己的生活实际来猜测词语"陡峭"的意思；其次，《葡萄沟》以"小泡泡"进一步学习联系上下文理解"五光十色"一词的意思；最后，在语文园地"字词句运用"部分进行运用。如此，教学内容链让我们在教学设计、课堂实施中，把握要素编排的内在逻辑，梳理要素、选文、语文园地等教学内容之间的联系，准确地选取单元的重点教学内容，保障教学的科学性。

3. 要素习得链。

教师应以要素为核心，把单元教学目标分解为每一课的教学目标，形成链接式要素组合或阶梯式要素训练，保证教学效果。在具体操作中，首先整体把握单元人文要素、语文要素，梳理不同板块内容，关注重点读写目标，理清板块之间在目标落实上的联系。而后，教师紧扣语文要素，关联课后练习，将课后练习转化为要素学习任务；学生循着有序、整体的要素习得链，经历学习、理解、运用要素的学程，实现知识向能力的转化。

要素习得链，基于单元结构特点，聚焦单元核心知识，精准制定单元整体学习目标，设计综合性的学习任务，为学习者提供有序合理的学习路径。本单元第二项重点学习的要素为"学习表达，积累语言"，在阅读中关注语言现象，学习表达和积累词句，为二年级学习的重点，课后练习设置了朗读和记忆活动，积累新词；背诵课文段落和关于风景的楹联。这是延续了前三个单元语言运用的素养培养，指向学习用词准确、积累运用词语的能力。如第一单元积累并运用动词、动宾词组、偏正词组，第一单元仿说、第三单元造句引导运用积累的词句。第四单元引导学习具体、生动的表达，课后练习安排了六道表达与交流的练习，学习把句子说具体、完整并仿写，"字词句运用"根据常见事物的词语和插图展开联想。这些丰富的言语活动，指向丰富学生的语言经验，发展具体生动的语言表现力，提高形象思维能力。

总之，"要素导向"教学，系统解读语文要素，以瞻前顾后的视野，厘清小学阶段语文要素大概念图谱，发挥语文要素的关联性；系统落实语文要素，以左右勾连的路径，规划实施层层递进的链式单元整体教学，赋予语文要素更丰富的学习意义。保障要素、能力、素养顺畅衔接、提升、转化，推动教学不断走向纵深，实现学生语文核心素养的发展。

第二章

理解类"要素导向"的设计与实践

阅读是获取信息、认识世界、发展思维、获得审美体验的重要途径。阅读素养是关乎语文核心素养落地的关键所在。《课程标准（2022年版）》在总目标中提出了"学会运用多种阅读方法，具有独立阅读能力。能阅读日常的书报杂志，初步鉴赏文学作品，能借助工具书阅读浅易文言文"。"感受语言文字的美，感悟作品的思想内涵和艺术价值，能结合自己的经验，理解、欣赏和初步评价语言文字作品，丰富自己的情感体验和精神世界"。这些阅读教学的要求，给予我们三点提示：其一，阅读鉴赏，是重要的语文实践活动；其二，理解能力，是阅读素养的核心组成；其三，理解能力，是语文教学的价值追求。

第一节 导教：理解类要素的教学解读

一、聚焦核心素养，解读"理解"的概念内涵

培养阅读理解能力的意义重大。我们把《普通高中语文课程标准（2020年修订）》（下文简称"《高中课程标准（2020年修订）》"）的高中语文学业水平考试和高考命题参照、洛林·W. 安德森等在《布卢姆育目标分类学》（修订版）把认知过程维度作为学术框架，解构语文

要素的关联的认知活动，分析认知活动的层级，确定阅读理解能力的水平。以期明确语文要素"理解"的概念定义，明晰"理解"这一大概念要教什么、教到什么程度，发挥语文要素的导教作用。

1. 从水平考试与高考，解构"理解"的因素。

高中语文学业水平考试，是语文课程的重要组成部分，是课程实施的重要环节之一。它的基本功能是检查学生的学习程度，判断其语文素养所达到的实际水平。高考是按照国家教育综合改革的基本要求，在达到高中毕业水平的考生中，选拔适合高等学校教育的生源。高中语文学业水平考试、高考语文科考试都要求考查识记、理解、分析综合、鉴赏评价、表达应用和探究六种能力。布卢姆教育目标分类学将认知过程（也称认知能力）类别分为记忆、理解、应用、分析、评论、创造。

比较考查要求和布卢姆教育目标分类学二者能力的内涵，存在大致对应的关系。如：识记—记忆，理解—理解，分析综合—分析，鉴赏评价—评论，表达应用、探究—创造。理解能力是领会并能作简单的解释，是基于识记的更高一级的能力，要求能够领会并解释词语、句子、段落等的意思。其中两个关键动词"领会""解释"，是认知过程的类别，领会是理解的同义词，布卢姆教育目标分类学提出"解释"是指学生能够将信息从一种表示形式转变为另一种表示形式，涉及文字与文字、文字与图画、文字与数字等相互转变，同义词是澄清、释义、描述、转化。

2. 从认知过程的维度，分析"理解"的层级。

我们又借鉴PISA2018阅读素养测试框架，进一步解析理解的构成。PISA2018阅读素养测试，关注以阅读策略意识为代表的认知过程。首先是信息定位，包含访问和检索文本信息，搜索和选择相关文本；其次是文本理解，包含形成文本整体理解，整合和解释、推论；最后为评价与反思，包含评价质量和信度，反思内容和形式，发现和处理冲突。从测评认知组成转向测评认知过程，这一评价视角的转变，带给我们诸多启示：理解文本的认知过程，一般来说，需经历从信息定位到评价反思的进阶；课堂教学需设计嵌入真实情境的阅读任务，让学生由易到难地解决问题，引导学生经历"定位信息""整合信息"或者"评估信息"等阅读认知活动，以提升阅读素养。

3. 从课程标准的要求，确定"理解"的水平。

从语文教学的角度看，阅读理解是学生识别课文语言形式与意义复杂的心智活动，是一个由浅入深的过程，从基本的字词辨认到获取意义的过程。那么，小学阶段理解的能力层级是如何安排的？《课程标准（2022 年版）》对"阅读与鉴赏"语文实践分学段提出要求。第一学段：结合上下文和生活实际了解课文中词句的意思。第二学段：能联系上下文理解词句的意思；能借助字典、词典和生活积累，理解生词的意义。第三学段：能联系上下文和自己的积累，推想课文中有关词句的意思。我们从中梳理出三个学段的理解能力的层级：从联系语境和生活大体了解——联系语境、借助工具和生活积累，较为准确理解——联系语境和积累的较丰富的生活经验，作合乎逻辑的推想。依照由低至高的水平，逐级提升。

二、借助要素图谱，厘清"理解"的教学关键

"教育是在经验中，由于经验和为着经验的一种发展过程"。在第一章我们谈到语文要素全景图谱，能助力我们精准定位语文要素在全段学习的进程，是语文要素实施落地的地图。在教学设计中，利用图谱，我们能检索和把握每个单元的理解类语文要素已学、正学和将学，确定学习的起点、重点、难点。

例如三上第二单元，我们解读教材，比照图 1－1"理解词句意思"要素全景图谱，从本单元往回看，可以发现，本单元学习的起点，是一、二年级已学习多种理解词语的方法，例如：借助课文插图、查字典、联系上下文、联系生活、猜想等方法。那么，可以在学习单元导语页，明确单元语文要素学习任务时，讨论交流，"我会用哪些方法理解

难懂的词语"。

看当前，学习重点为"运用多种方法"；往前看，学习的难点是"自主运用学过的方法理解词语意思"。这将是三下第六单元"运用多种方法理解难懂的句子"的前经验、起点；看当前，也就是基于理解难懂词语的方法、能力，来学习本单元的重点是"理解句子"；往前看，将来学习是体会语句表情达意的作用，也就是词句的表面意思，转而更深入地体会词句的内在意蕴，那么本单元的难点是基于课文主要内容，理解词句含义。

再如，三上第六单元和三下第四单元紧密关联，都是理解一段话，前者借助关键语句理解语段，学习的起点为能运用方法理解语句意思，初步具备检索信息做出推断的能力，学习的重点、难点是能检索判断助于理解语段意思的关键句；这也是后者借助关键语句概括一段话大意的学习起点，因此本单元的重点、难点是如何借助关键句概括。

三、把握要素指向，生成"理解"的教学目标

在教学设计中，语文要素对教学目标的制定，教学内容的选择具有导向作用，犹如"导航仪"。引导我们扫描课程标准、单元整组教材，架构单元目标体系；指引我们锚定一个学段、一个单元、一篇文本要求，生成单篇教学目标。

1. 双线架构单元目标的"扫描仪"。

《课程标准（2022年版）》以学科核心素养作为基本依据制定总目标，以识字与写字、阅读与鉴赏、表达与交流、梳理与探究等语文实践为明线，以文化自信、语言运用、思维能力、审美创造四大语文核心素养为暗线，制定学段目标。明线是语文要素指向的实践活动，暗线是语文要素指向的核心素养，因此，我们可以从阅读与鉴赏的学段目标、学习任务群的内容、理解类要素在教材中的单元要求，把握语文要素与语文核心素养的联系，确定"理解类要素"的教学目标体系。

例如，三年级上册第二单元，以"金秋时节"为主题的文学阅读，

单元语文要素为"运用多种方法理解难懂的词语"。教材体系链编排了三首古诗和三篇描写大自然秋景的散文,语言凝练、优美,部分书面语对三年级的学生来说,理解起来有一定难度,为较好地学习和训练本单元的语文要素,需要我们把握其中的两个关键词:多种方法和运用。运用,是对一、二年级学习的拓展和提高,处于"独立操作"水平(能独立完成操作、调整、改进,联系已有技能等)和"迁移"水平(能在新的情境下运用已有技能)。可以确定,本单元的核心要素为"运用多种方法",它涉及选择和使用以多种方法理解词语意思的程序,去完成新的课文词意的理解,需要回忆、理解、创造等认知一同参与。因此,我们确定单元教学目标为:

【识字与写字】☆认识 37 个生字,读准多音字"挑",会写 39 个生字,会写 29 个词语;☆学习用钢笔书写"狂、排"等 8 个生字,注意执笔姿势,做到横平竖直,把字写规范、端正、整洁。

【阅读与鉴赏】☆能借助注释大致理解诗句的意思。背诵三首古诗,默写《山行》;☆有感情地朗读课文,背诵指定的课文段落,摘抄自己喜欢的句子。☆能运用多种方法理解难懂的词语,了解课文的主要内容。

【表达与交流】☆能留心观察生活,仿照课文或"阅读链接",写出自己看到的景色;☆能借助例文并结合生活经验,了解写日记的好处、日记可写的内容及日记的基本格式,能用日记记录自己的生活。

【梳理与探究】☆能结合已有的学习经验,总结理解难懂词语的方法;☆分类积累 9 个描写秋天的四字词语,能写出形容四季的词语,并和同学交流。

我们再来看看,三年级下册第六单元安排了更广泛、更深入地理解句子意思的学习,单元围绕"多彩童年"主题编排了富有想象力和表现力的儿童文学作品,包括作家张继楼的一组儿童诗《童年的水墨画》,秦文君的小说《剃头大师》,冰心的散文《肥皂泡》,讲述宋庆龄小时候的故事《我不能失信》。

这些选文的语言或是简约凝练，或是风趣幽默，或是带有个人风格，为学习理解句子含义的语文要素，提供了丰富的学习资源。例如，《童年的水墨画》原来安排在人教版教材的五年级下册第九课，现在安排在三年级，有利于学生学习"运用多种方法读懂难理解的句子"。同时，本单元的课文内容与学生的生活密切相关，既利于学生联系生活读懂句子字面的意思，也利于在了解主要内容后读懂句子内在的含义，深切感受和珍惜自己的童年，提高语言理解力。根据教材体系链，确定单元教学目标为：

【识字与写字】☆认识 29 个生字，读准多音字"和"，会写 37 个生字，会写 41 个词语；☆学习一组与海岛、港口有关的词语，认识 6 个生字，根据词语想画面；☆认识汉语一字多义的语言现象。

【阅读与鉴赏】☆默读课文，能运用多种方法理解难懂的句子，能理解课文的主要内容；☆朗读课文，能体会课文丰富的想象，说出肥皂泡还有哪些美丽的去处；☆能说出课文以"剃头大师"作为题目的好处。

【表达与交流】☆能仿照例子，围绕一个意思写一段话；☆写一个人，尝试写出他的特点，能给习作取一个表现人物特点的题目。

【梳理与探究】☆能结合自己的阅读体验，总结理解难懂的句子的方法；☆朗读背诵关于"改过"的名言。

2. 三点锚定单篇目标的"定位器"。

单元目标体系，构建了单元教学目标的框架；课文的教学目标，指明了教学的起点和终点。语文要素是教学目标的定位器，指引我们从一学段、一单元、一篇三个基本点，精准地定位每篇课文教学目标，如表2-1教学目标定位器。

表 2-1　教学目标定位器

常规目标（学段）	重点目标（要素）	个性目标（选文）

其中，最为重要的是一单元，就是单元语文要素，作为单元学习的重点目标，主要为阅读与鉴赏、表达与交流方面的目标；其二是一篇，是基于这一篇课文的文本特殊性，挖掘有教学价值的学习内容，体现课文特点的个性化学习目标，主要为阅读与鉴赏、表达与交流方面的目标；三是一学段，落实学段的常规性目标，以完成本学段基础性学习，主要为识字与写字的学习、梳理、探究方面的目标。

例如，以目标定位器确定三年级上册第二单元《铺满金色巴掌的水泥道》一课的教学目标。首先基于学段识字与写字的常规目标，为培养学生对学习汉字的兴趣，养成主动识字的习惯，培养初步独立识字能力，确定本课第一项目标：借助形声字、会意字的特点，认识"洼、印"等 6 个生字，能根据宽窄比例归类书写"铺、泥"等 13 个生字，会写"水泥、放晴"等 15 个生词。结合本单元的语文要素，第二项目标，也是重点目标为：能运用多种方法理解"明朗、凌乱"等难懂的词语，与同学交流理解词语的方法，初步把握课文的内容。本文以儿童视角观察身边的景物，以丰富的想象细致描写景物，写法值得学习；课文语言优美、有新鲜感，值得学生积累运用。因此，根据"这一篇"的特点，拟定第三项目标：能摘抄自己喜欢的句子，能仿照课文或"阅读链接"，写出自己上学、放学路上看到的景色。

第二节　导学：理解类要素的教学设计

语文要素不仅为我们确定教学目标导航，还指引我们选择教学内容、设计教学活动。《课程标准（2022 年版）》与《课程标准（2011 年版）》相比较，增加了"以学习任务群组织与呈现"的课程内容。在课程理念部分提出"增强课程实施的情境性和实践性，促进学习方式变革。义务教育语文课程实施从学生语文生活实际出发，创设丰富多样的学习情境，设计富有挑战性的学习任务"。2019年统编教科书在全国推行使用，2022年9月《课程标准（2022年版）》开始启用，如何利用现行的统编教科书，进行学习任务的设计？我们可以采用单元整体设计思路，基于单元组织的双线，确定单元学习的任务主题和真实情境；理解学习任务群的要求，设计连贯的语文实践活动。

一、把握人文和语文要素，设计任务主题情境

任务主题，即学习任务的主题；情境，指真实的学习情境。设计语文学习任务，要围绕学习任务的主题，真实的学习情境将语文学习与学生的生活关联起来。学习任务主题能将单篇的学习目标、零散的学习内容关联起来，语文学习不再是在单篇课文中进行文本内容的反复"咀嚼"，语文实践活动具有内在逻辑关联。学习情境，是将语文学习与学生生活关联起来，创设一个完整且真实的教学情境，通过连贯、进阶的学习任务，发展学生的核心素养。统编教科书单元编写的明线是语文要素，暗线是人文主题，教师可以发掘并整合教材"双线"结构及其他诸要素之间的联系，提炼适切的单元学习任务主题和创设真实的学习任务情境。

三年级上册第二单元，单元导语提示语文要素为"运用多种方法理解难懂的词语"和"学习写日记"，人文主题的导语为"金秋的时光，洒在树叶上，洒在花瓣上，也洒在我们的心上"。这如诗般的导语与两个孩子骑行在秋天山林间的插画，在视觉上、内心里带来"我们走进秋天吧"真实的情境和美好的体验；同时，教材借助文质兼美的选文，描写了秋天的山、秋天的雨、秋天的色彩、秋天的声音，以及上学路上铺满落叶的水泥道，引领学生读懂秋天优美的语句、文意，慢慢地走近秋天，美美地欣赏秋天；伴随着文字传递的美好，让多彩的秋天跃进我们的眼，走进我们的心。因此，可以设计以"走进多彩的秋天"为单元的学习任务主题和情境。

理解类要素的相关单元，人文主题大多属于"人与自然"，课文大多为描绘大自然的诗歌、散文、科学短文。三上第六单元以"壮丽的祖国山河"为人文主题，从单元导语到 4 篇课文、再到习作和语文园地，都是指向赞美祖国壮丽河山、展现祖国建设成就、培养文化自信的。三下第四单元的主题为"观察与发现"，课文从不同角度介绍了留心观察大自然获得的各种发现，旨在引导学生养成认真观察、留心周围事物和勤于思考的习惯。三下第六单元围绕"多彩童年"的主题，以诗歌、散文、故事，从不同角度，呈现多彩的儿童生活，展现了童年的纯真和美好。从人文主题和语文要素出发，我们可以设计这些单元的学习情境、任务主题分别为"话说壮美山河""慧眼观察与发现""微拍多彩童年"。

二、把握学习任务群要求，设计进阶学习任务

《课程标准（2022 年版）》在课程实施部分提出了教学建议"体现语文学习任务群特点，整体规划学习内容"。教师要明确学习任务群的定位和功能，准确理解每个学习任务群的学习内容和教学提示。义务教育语文课程按照内容整合程度不断提升，分三个层面、六个领域设置学习任务群。我们拿到一个教材单元，可以先从总体上来判断单元学习内容主要是属于哪个学习任务群。"走进多彩的秋天""漫游壮丽山河""微拍多彩童年"是表现人与自然、人与他人的优秀文学作品，属于"文学阅读与创意表达"学习任务群，"慧眼观察与发现"是介绍留心观察大自然获得发现的科学短文，属于"思辨性阅读与表达"学习任务群。

1. 文学阅读与创意表达的进阶式学习。

文学阅读与创意表达学习任务群，可根据学段的要求，设计三个层次的进阶式学习任务。第一阶，整合听说读写，引导学生综合运用朗读、默读、诵读、复述、评述等方法，在语文实践活动中，通过整体感知、联想想象，感受文学语言和形象的独特魅力，获得个性化的审美体验；第二阶，了解文学作品的基本特点，欣赏和评价语言文字作品，提

高审美品位；第三阶，观察、感受自然与社会，表达自己独特的体验与思考，尝试创作文学作品。

三上第六单元围绕"漫游壮丽山河"的单元主题任务和情境，可以设计"我诵诗意山河""跟着课文去旅行""我为最美山河代言"这三大进阶任务：

第一阶，"我诵诗意山河"。在单元导语学习和诵读《古诗三首》，通过有层次、有方法地诵读，感受诗词的节奏、音律美；通过字理识字，想象画面，一眼千年，一步万里地感受比喻之妙，想象感受雄伟的长江、迷人的西湖、绮丽的洞庭风光。

第二阶，"跟着课文去旅行"。随着课文以及语文园地交流平台，学习"借助关键语句理解一段话的意思"，整体感知祖国风光，领略南疆西沙群岛的风景优美、物产丰富，感受海滨小城独特的风光，欣赏北国美丽富庶的小兴安岭，在主动地思维和体验中，提高审美品位。

第三阶，"我为最美山河代言"。在课文中感受祖国壮美，观察家乡的可爱，感受和思考，试着围绕一个意思写一段话，运用先总后分的构段方式，为身边的美景代言，进行习作"这儿真美"。在读读、想想、说说、写写的实践活动中，落实单元语文要素，感受祖国山河的壮美、家乡的可爱。

2. 思辨性阅读与表达的进阶式学习。

思辨性阅读与表达学习任务群，可根据学生思维发展的特点，进行三个层次的进阶式学习。第一阶任务：引导学生运用阅读、比较、推断、质疑、讨论等方式，在丰富的语文实践中，梳理观点、事实与材料及其关系；第二阶任务：辨析态度与立场，辨别是非、善恶、美丑，保持好奇心和求知欲，养成勤学好问的习惯；第三阶任务：负责任、有中心、有条理、重证据地表达，培养理性思维和理性精神。

例如三下第四单元，通过阅读单元导语页，发现阅读任务是"借助关键句概括一段话的大意"，习作任务是"观察事物的变化，把实验过程写清楚"。按照任务群的要求，围绕"慧眼观察与发现"的单元任务主题和情境，设计三阶式学习任务：

第一阶，"慧眼识句来概括"。概括《花钟》第1、第2自然段的大意，概括《小虾》第3自然段的大意，借助语文园地的"交流平台"梳理借助关键语句概括一段话大意的方法，并运用这些方法概括段意。完成阅读活动任务，使学生掌握概括段意的基本流程和方法，学习梳理观点、事实与材料及其关系。

第二阶，"我的观察与发现"。在阅读中学习表达，学习《蜜蜂》一课，能梳理并按顺序说出实验过程；按照"词句段运用"中的样子写下自己的观察和思考，能用修改符号修改一段话。

第三阶，"我写观察与发现"。写自己做过的一项小实验，用修改符号修改自己的习作，训练学生观察事物的变化，懂得把实验的过程写清楚的方法，进行有目的地观察，而且在观察的过程中，及时做好记录。进入习作阶段，为达成"写清楚"这一目标，按照一定的顺序来写，把每句话的意思表达清楚，同时注意句子之间、段落之间的衔接。

三、整合单元的学习资源，设计连贯性实践活动

教学设计需综合考虑教材内容和学生情况，设计不同类型的学习任务，依托学习任务整合学习情境、学习内容、学习方法和学习资源，安排连贯的语文实践活动。在连贯性的活动中融合语文与生活，联系听、说、读、写，综合发展语言、知识、技能和思想情感、文化修养。

1. 课后习题——实践活动的"筛选器"。

理解意思类的语文要素单元，编者主要安排了文学类、思辨类的选文，教材内容非常丰富，是文化、语言、审美、思维素养的"富矿"。怎样从中选取达成教学目标的学习内容？教材系统中，编者已安排了选取教学内容的快捷"筛选器"——精读课文的课后练习，略读课文的"学习提示"。精读课文的课后习题的设计，着眼于提高阅读理解能力，促进语言积累运用，发展思维能力等；略读课文在学习提示中，提出需要思考的问题或学习建议。这些习题是形式丰富的语文实践活动，也是教学内容的重要成分。

教学时结合学生的实际情况，可以合理利用每篇课文的课后题，设计教学活动；还可以科学地选择、取舍、加工习题，合理确定教学内容，组织教学。例如，三年级上册第二单元《铺满金色巴掌的水泥道》，课后安排了四道习题，与教学目标一一对应，我们选择课后识字、写字表，三道练习题和阅读链接，将之加工为三大学习任务：识字与写字活动的学习任务1，阅读与鉴赏活动的学习任务2，表达与交流、探究与梳理活动的学习任务3，见图2-1，形成教学目标、教学内容一体化设计。

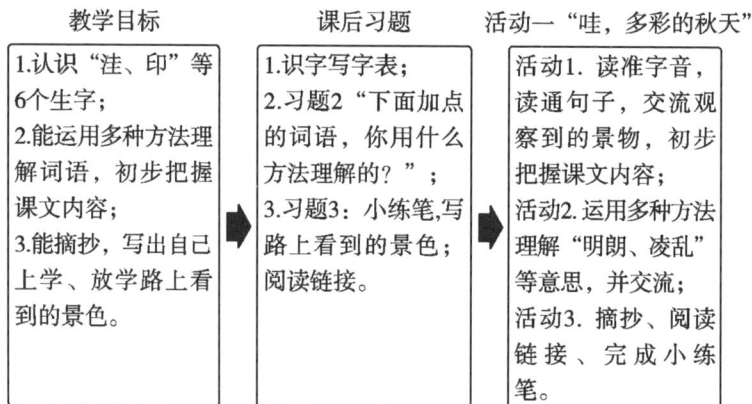

教学目标	课后习题	活动一"哇，多彩的秋天"
1.认识"洼、印"等6个生字； 2.能运用多种方法理解词语，初步把握课文内容； 3.能摘抄，写出自己上学、放学路上看到的景色。	1.识字写字表； 2.习题2"下面加点的词语，你用什么方法理解的？"； 3.习题3：小练笔，写路上看到的景色；阅读链接。	活动1.读准字音，读通句子，交流观察到的景物，初步把握课文内容； 活动2.运用多种方法理解"明朗、凌乱"等意思，并交流； 活动3.摘抄、阅读链接、完成小练笔。

图2-1 目标、习题、实践活动对应关系图

2. 单元教学链——实践活动的"串联器"。

单元语文任务群，需以单元为单位，对教材资源进行整体设计，将单元的课文、习题、习作、语文园地等板块纳入整体教学中。依循单元教学链式路径的内在逻辑，来组织关联、连贯的语文实践活动。

以三上第二单元为例，围绕"走进多彩秋天"单元主题任务和情境，设计"秋韵，诗词吟诵""慢慢走，欣赏秋景""我心中最美的秋天"这三大进阶任务，以语文要素指导链式单元学习路径，见图2-2，规划"教材体系链—教学内容链—要素习得链"链式单元学习，整体建

指向语文要素的教学与实践

构、推进连续性实践活动。

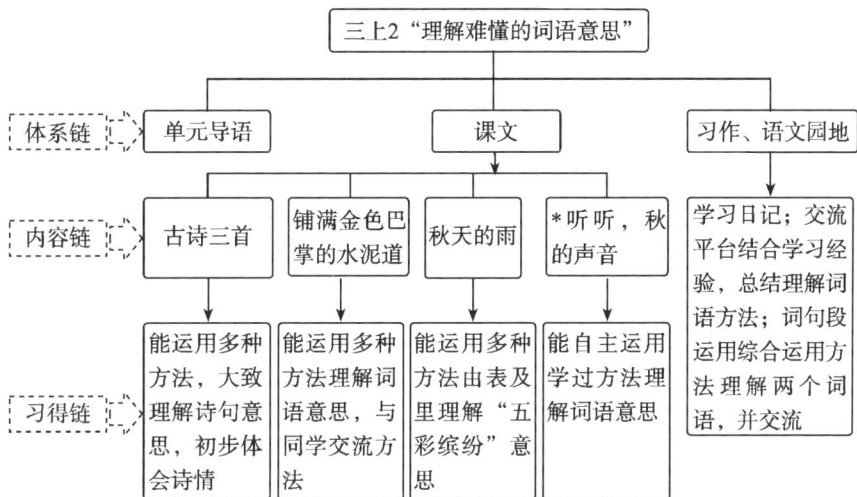

图2-2 链式单元教学路径

第一个任务是"秋韵，古诗吟诵"。活动1"读诗中秋景"，引导学生在朗读中，借助注释，联系生活，借助插图，理解诗意，走进秋天。按照读准字音、读出节奏、读中理解，熟读成诵，学习默写，逐步推进。活动2是"吟出诗中秋韵"，学法迁移，诵读积累其他秋景的古诗词，读懂诗意，体会诗情。

第二个任务是"慢慢走，欣赏秋景"。活动1"理解词语，打开秋天的大门"，引导学生学习《铺满金色巴掌的水泥道》《秋天的雨》《阅读链接——太阳时钟》运用联系上下文、插图、生活经验等方法，读懂"明朗""凌乱"等难懂的词语，扫清生字障碍，通读全文。活动2"奇思妙想，欣赏秋天的多彩"，学习第5、第6、第7课，交流自己感兴趣的课文中富有想象的语句，感受秋天美景，体会表情达意作用；学习交流平台，整合圈画、批注、阅读、交流和汇报等学习活动，自主运用前两篇精读课文学习的方法读懂词语，读中想象，练习表达，积累语言。

第三个任务是"我心中最美的秋天"，活动1"说一说，秋天的名片"，引导学生观察身边秋天的美景，并通过拍照和手绘等形式观察记录，在读读、说说、议议的过程中，交流观察所得，运用积累的有新鲜感的语句，为习作做好准备。活动 2"写一写，秋天的日记"，创造性地改变了教材中的习作日记的内容，读写互动，引导学生更好地迁移运用本单元阅读中学习的观察和表达方法。活动 3"赏一赏，最美的秋天"，引导学生互评互改日记，培养学生自主批改、互评互改的习惯。

理解意思类的学习任务群的设计，有助于学生明确"理解"的目标，清晰"理解"的路径，提高"理解"的效益，巩固"理解"的成效。在语言的实践活动中，学生的学习过程清晰可见，思维过程清晰可见，学习结果清晰可见。进行单元整体教学，在真实情境中密切了选文篇目之间的联系，每个单元内容变零散为整合，从而改变了学生的学习方式，帮助学生有效地发展语文素养。

第三节　导评：理解类要素的学业评价

学业评价有助于及时改进教学。能帮助学生展开学习活动，反思改进学习过程和学习行为；能引导教师反思教学不足，优化内容，改进设计，调整策略，完善过程。《课程标准（2022 年版）》根据核心素养发展水平，结合课程内容，整体刻画各学段的学生学业成就的具体表现特征，形成学业质量标准。教师需根据学业质量标准，结合具体学习内容和学情，研制以要素为重点、素养为主线的评价标准，探索教学评价示例。

一、理解类语文要素的评价框架

语文课程评价包括过程性评价和终结性评价。过程性评价贯穿语文学习的全过程，终结性评价包括学业水平考试和过程性评价的综合结果。过程性评价的内容应立足单元学习重点，关注各学段的水平进阶。语文要素导向教学，强调学习任务驱动，确定预期结果，确定合适的评价依据，逆向设计，以终为始，实现教、学、评一体化，倡导课程评价的过程性和整体性，重视评价的导向作用。

在聚焦"理解类"语文要素，推进大单元整体的学习中，学生能否在真实的语言运用情境中表现出更为稳定、出色的语言能力及其品质，实现语文核心素养"进阶"？这既是学习效果的一种表现，也是学业质量的内在要求。《课程标准（2022 年版）》在学段目标、课程内容的教学提示以及学业质量的学段标准，描述了评价要点，有助于教师把握各学段的理解类要素学什么，怎么学，学到什么程度。为此，我们梳理课程标准三个部分对学业质量标准的描述，研制了学业质量评价框架。如下表 2－2 理解类语文要素的评价框架。

表 2－2　理解类语文要素的评价框架

学段	学段目标	课程内容（教学提示）		学业质量
		实用性阅读与交流	文学阅读与创意表达	
第一	结合上下文和生活实际了解词句意思		侧重考查学生对语言的大体感受	借助学过的偏旁部首推测字义
第二	能联系上下文，理解词句意思，体会关键词句表达情意作用。能借助字典、词典和生活积累，理解生词意义	提高语言理解与运用能力，逐步增强语言表达的准确性、规范性	侧重对重要段落和语句的理解，对语言的具体感受	能借助上下文语境，说出关键语句、标点符号、图表在表达中的作用
第三	能联系上下文和自己的积累，推想有关词句的意思，辨别词语的感情色彩，体会表达效果		侧重对语言的领悟程度和体验	能借助工具书准确理解不同语境字意，能根据字形推断字义，借助语境工具书验证推断

二、理解类语文要素的评价标准

语文课程评价应准确反映学生的语文学习水平和学习状况，注重考察学生的语言文字运用能力、思维过程、审美情趣和价值立场，关注学生的学习过程和学习进步。根据不同年龄学生的学习特点和各个学段的学习目标，抓住关键，突出重点，加强语文课程评价的整体性和综合性。评价框架体现了课程标准对素养要求的进阶性，从课程标准到教学实际，还需将课程标准的内容进行具体化、操作化，体现素养的层次性，便于教师设计和实施评价的进阶，精准进行大单元整体教学的过程性评价与形成性评价，以评促学。

因此，我们结合教学的实际，细化评价框架，研制学业评价的标准。定位教学内容归属的学习任务群；综合素养在每个学段的具体描述，考虑学段的水平衔接，设计合格、良好、优秀三个层次的学业水平。例如表2—3评价标准，在"文学阅读与创意表达"任务群中，理解类语文要素的第一学段的水平"能借助生活积累、联系语境等方法理解词语意思"，我们将之确定为第二学段的合格水平。将第二学段的学业质量描述"能借助关键语句，理解语段意思、概括大意"确定为优秀水平。折中二者的描述"能借助生活积累、联系语境等方法，对关键词句做出简单解释"定为良好水平。

评价标准搭建课程标准与教学实践的"桥梁"，发挥评价对教学的诊断反馈和改进作用。帮助教师正确理解语文要素，准确理解和落实课程标准，关注学生核心素养培养。帮助学生明确学习目标，调控学习状态，有效地开展学习。

表 2－3　理解类要素的评价标准

任务群	教学提示（评价）	核心素养	单元理解类要素	学业质量水平		
				合格	良好	优秀
文学阅读与创意表达	第二学段侧重考察对重要段落和语句的理解	语言运用、思维能力	三上 2 运用多种方法理解难懂的词语	能借助生活积累、联系语境等方法理解词语意思	能借助生活积累、联系语境等方法，对关键词句做出简单解释	能借助关键语句，理解语段意思、概括大意；体会表情达意的作用
			三上 6 借助关键语句理解一段话意思			
			三下 4 借助关键语句概括一段话大意			
			三下 6 运用多种方法理解难懂的句子			
	第三学段侧重考察对语言的领悟程度和体验	文化自信、语言运用、思维能力、审美创造	五下 2 古典名著阅读（习题与略读课文导学：遇到不懂的词句，猜测大致意思）	能利用文中的内容和生活积累，对词句做解释，猜测词语大致意思	能利用文中的内容和生活积累，推想词语意思，做符合逻辑的解释	能联系文中内容和自己的积累，推想词语意思，做出符合文义的解释
思辨性阅读与表达	第三学段体会猜想、验证、推理等思维方法	语言运用、思维能力	六下 5 体会文章是怎样用具事实例说明观点的（语文园地——词句段运用：能借助文言文里学过的字的意思，推想词语意思）			

三、理解类语文要素评价实践

1. 关注评价的整体性。

要素导向教学的学习评价，由一系列具体的学习活动构成，包括具体的学习活动过程和行为要求标准；评价标准应该是师生共同建构的，用于引导和帮助学生在学习中展开具体学习活动，并对照学习任务反思、改进自己的学习过程和学习行为。教师在教学设计环节，需选择评价方式，注重评价主体的多元与互动，以及多种评价方式的综合运用，促进评价方式的变革。

2. 全程嵌入教学过程。

评价是学习过程的组成部分，应嵌入学生学习的全过程。学习过程以学生的学习期待为起点，学生的学习意愿、目标和态度直接影响学习的深度，影响着学生是否能够有效地调动已有经验解决新问题，以及是否能够整合、建构经验。由于学习活动自始至终都是有意识、有目的地展开的，因此学习活动实际上是一个学生持续地自我评价、反思和改进的过程，而评价的目的是改进学习、促进发展，所以评价本身就是学习的组成部分，贯穿于整个学习过程。

3. 要素"导评"教学示例。

"秋天的雨"教学实录与评析

【教学内容】

《秋天的雨》第一课时

【教材分析】

《秋天的雨》是统编教科书三年级上册第六课，作者通过秋雨巧妙地串连起秋天的景物，描绘出儿童眼中美丽、丰收和欢乐的秋天。课文结构清晰，全文共5个自然段，第1自然段以秋天的雨"把秋天的大门打开了"开篇，第5自然段以秋天的雨"是一曲丰收的歌""一首欢乐的歌"呼应开头，抒发对秋天的赞美之情。散文语言优美、凝练，富有表现力的词句俯首可拾，这些正是本课教学的重点和难点，即学习运用联系上下文和生活实际等方法理解词语，值得学生理解、品味、欣赏。

【学情分析】

通过本单元《古诗三首》《铺满金色巴掌的水泥道》的学习，学生初步学习运用借助注释、借助图画、联系上下文、结合生活实际等方法理解文中难懂的词语。

【教学目标】

1. 认识"钥、匙"等11个生字，会写"颜、票、飘"等3个字。

2. 能运用多种方法理解"钥匙、五彩缤纷"等词语意思，借助关键词句感受秋天的美好。

3. 结合"总—分"段落特点，知道课文从哪些方面写了秋天的雨；有感情地朗读、背诵第2自然段；能发挥想象，仿写句子。

【设计思路】

1. 本课教学的重点，是指向落实单元语文要素的第2项教学目标。学生经过第一学段和本单元前两课的学习，理解词语有哪些方面的知识，一说就懂；学习的重点在于怎样运用这些方法，如联系上下文理解难懂的词语，如何引导学生切实依据上下文理解呢？教学的重点在于学生亲历这些认知过程，习得在真实的语境中，选择方法、运用方法理解词义的能力，发展学生的思维能力，达成"这一单元"的重点目标。

2. 本课教学的难点，是指向课文独特个性的第3项教学目标。《课程标准（2022年版）》在第二学段提出了"阅读与鉴赏"的目标"体会课文中关键词句表情达意的作用"，因此，借助关键语句，富有形象感的比喻句，富有趣味性的拟人句，多种方式进行感情朗读，背诵积累，交流品味，评价鉴赏，仿写运用，在多样的语言实践中，发展语言、审美、思维方面的核心素养，实现"这一篇"的个性目标。

【课前准备】

学生课前完成"课前预习——学习评价单"的预习和自评。

认真预习，摘取秋天的果实吧！

学习任务一	评价
1. 课文共＿＿＿＿个自然段，我读了＿＿＿遍。 2. 我会读这些词语。 　　钥匙　喇叭　争着　勾住歌曲　丰收 　　一枚枚　厚厚的　五彩缤纷　频频点头 　　我觉得最难读的生字是＿＿＿，我对词语＿＿＿的意思不理解，我用＿＿＿方法理解，它的意思是＿＿＿。 3. 我收集了关于秋天的词句、诗句。 　　＿＿＿＿＿＿＿＿＿＿＿＿＿＿	1. 自评：朗读课文，读准字音；🍎 2. 互评：能用学过的方法理解难懂的词意；🍎 3. 自评：书写工整地摘记。🍎

【教学过程】

一、谈话导入，激活词句积累

1. 师：同学们，铺满金色巴掌的水泥道告诉我们：秋天来了！你还想到哪些描写秋天的词语和诗句，我们一同交流、欣赏你收集的词句。

生：丹桂飘香　秋高气爽

生：空山新雨后，天气晚来秋——王维《山居秋暝》

2. 师：秋天是多彩的季节，今天我们就学习课文《秋天的雨》，一起跟着作者的描写，欣赏他笔下秋天的雨吧，读课题。（板书：秋天的雨）

二、检查预习，理清课文脉络

1. 检查预习。

大家已经预习了，这些词语你能读正确吗?

（1）出示第一组会认的生词，指名读。

学生互相提醒：前三个词语是轻声词，"曲"表示歌曲、乐曲意思读第三声。

钥匙　喇叭　争着　勾住　歌曲　丰收

一枚枚　厚厚的　五彩缤纷　频频点头

（2）交流运用多种方法理解词语。

师：把词语送回句子读一读。出示：秋天的雨，是一把钥匙。秋天的雨，吹起了金色的小喇叭。

师：在生活中，钥匙是开锁的工具，喇叭是一种乐器。在这你读出了什么?

生：我觉得，秋雨就像一把钥匙，打开了秋天的大门。

生：秋天的雨，吹起小喇叭，是告诉大家秋天来了。

师：这个单元语文要素告诉我们，运用多种方法理解词语。通过前两课，你学会了很多理解词语的方法。说说你在预习中，运用哪些方法理解了有新鲜感、难理解的词语。

生：清凉这个词，让我想到了秋天的雨淋在身上时那种凉爽的感觉。我是结合生活经验理解的。

师：结合生活实际，能帮助我们理解词语意思。

生：频频，我查了字典知道"表示连续发生"的意思。

师：字典、词典是学习的好帮手，遇到难懂的词语，我们可以查一查。

生：我运用找近义词的方法，知道留意，就是小心、留心。

师：理解词语的方法有很多，我们在学习中多运用。根据刚才的学习，我们对自己的预习，进行评价。

【评析】凡事预则立，不预则废。本课从交流、评价预学开启学习。在预习时，紧扣单元语文要素的学习，设计学生自主选择、运用方法、自我评价，是指向教学的重点目标"读懂难理解词语的意思"的丰富语言实践。课堂学习时，在交流中，说清自己读懂词意的思路。在分享中，教师了解学情，学生巩固多种方法的操作程序。课堂互评反思、改进如何运用方法，发展元认知能力。

（3）学写生字。

出示第二组会写的生词，指名读，正音，学生当小老师重点指导书写左右等宽的两个字"颜""飘"，学生在"课堂——评学单"上练写、互评。

一盒颜料　邮票　飘哇飘哇　争着　菊花仙子　淡黄的　好闻　梨　勾住　一曲丰收的歌

课堂学习——学习评价单	
学习任务二	评价
1. 我会用钢笔书写生字。 颜　　　　　 	1. 和同桌互评，摘取秋天的果实。 （1）注意握笔姿势，把字写得规范、端正、整洁； （2）横平竖直，左右等宽，写得美观。

【评析】识字写字，是小学阶段的本课的基础性目标。本单元语文园地学习用钢笔书写生字的练习，这也是小学阶段第一次提出用钢笔书写的要求。学习任务二"我会用钢笔书写生字"，是单元写字学习的铺垫。评价要点为：握笔姿势的习惯养成，把字写规范、端正、整洁的学习态度，以及归类学习"横平竖直、左右等宽"的书写方法，感受汉字的书写特点和形体美。

2. 整体感知。

师：秋雨是一把神奇的钥匙，打开秋天的大门，我们会看到美丽的画面。请同学们朗读课文第2—4自然段，思考：作者从哪几方面写了秋天的雨，用"＿＿＿"画出你找到的句子，完成学习任务2。

学习任务二	评　价
2. 我知道课文从这三个方面来写的。 秋天的雨 （树形图，下方三个空框）	2（1）画出关键语句； （2）根据关键语句，拟出小标题。

生：我在第2自然段找到了"秋天的雨，有一盒五彩缤纷的颜料"。这句话从颜色来写秋天的雨。（板书：色彩）

师：第2自然段就是围绕这句话来写的。

生：我在第3找到了"秋天的雨，藏着非常好闻的气味"。写了秋雨的气味。（板书：气味）

生：第4自然段"秋天的雨，吹起来金色的小喇叭"。写了秋雨吹起小喇叭。

师：秋雨吹起小喇叭，带来做好过冬的准备的消息。（板书：带来消息）

【评析】紧扣课后第二题，设计以"课文从哪三个方面写了秋天的雨"的学习任务2，引导学生读书思考，找一找相关的语句，理清层次，抓住要点，概括关键语段的意思，整体感知课文大意，在交流和自我评价中，培养学生提取有效信息的能力。

三、赏析句子，感受秋之"五彩缤纷"

1. 联结，理解"五彩"之意。

师：这三个方面你最喜欢哪个方面，说说理由。

生：我喜欢第2自然段。因为作者在描写时用到了比喻的修辞手法。

生：我也喜欢第2自然段。因为秋天的雨带给大自然很多的颜色。

师：是呀，秋雨把颜色给了谁，请圈画出来。

生交流。

师：请同学们把表示颜色的词语，在文中圈出来。

师：这么多颜色，作者用一个词表示——

生齐：五彩缤纷。

师：那你们知道五彩缤纷的意思是什么了吗？

生：我想到了夜晚的霓虹灯，五彩缤纷是颜色很多。

生：我联系下文，五彩缤纷就是我们圈画的各种多样的颜色。

师：秋天的雨，有一盒五彩缤纷的颜料，这是自然段的总起句，五彩缤纷概括地写了秋天景物的各种颜色，根据语句的关系，我们用联系下文的方法，理解了难懂的词语。

师：谁能给五彩缤纷找一个意思相近的词？

生：五颜六色、五光十色、姹紫嫣红。

【评析】引导学生进一步学习运用多种方法理解词语，感受秋天的美好。首先是信息定位，包含访问和检索文本信息，搜索和选择相关文本，即在课文语境中，检索、筛选有关的语句。进而或联系上下文词句的字面义，解释词意；或整合上下文语句与难懂词语的关联，解释、推断词意。

2. 联想，品味"缤纷"之蕴。

师：这些词都是表示颜色又多又漂亮，运用找近义词的方法，我们也能理解词语意思。但是，课文是说"五彩缤纷"，你们觉得有什么不一样呢？

生：颜色非常多，眼花缭乱。

生：五光十色的光形容有光泽，缤纷两个字都是绞丝旁，我觉得像五颜六色的绸带在空中飞舞。

师：你真会想象，老师查了词典，缤纷本义指用密集飘飞的绸带彩旗欢迎宾客；后来形容繁多而缭乱的样子。秋天不仅色彩繁多，而且富有变化，绚丽多彩。

缤纷的画面在作者的笔下多美呀，大声朗读第 2 自然段，把自己最

　　指向语文要素的教学与实践

喜欢的句子用波浪线画下来多读几遍，想想你喜欢它什么呢？（学生自读欣赏）

生：我喜欢第2句话。（读句子）"你看，它把黄色给了银杏树······夏天的炎热"。作者运用比喻的修辞手法，把银杏叶比作小扇子，我觉得特别美。

师：不仅写出了颜色美，还写出来形状美，你看，这就是银杏树叶，（出示银杏叶和扇子的图片）多像一把小扇子。

生：我也喜欢这句话。"扇哪扇哪"写出了银杏叶的动作，把银杏叶写活了。

师：你有发现美的眼光，发现了"扇哪扇哪"把秋天色彩的变化"写活了"！边读边想象色彩缤纷的画面。（生有感情地朗读）

生：我喜欢第3句话，它和第2句话很相似，也用比喻写出枫叶的颜色、形状，"飘哇飘哇"写出枫叶的动作美。

师：展开想象，读出我们的感受。还有哪些语句也用动作，写出色彩的绚丽。

生：你挤我碰、争着要人们去摘、频频点头，我发现作者把秋天的景物当作人来写，很有意思，作者喜欢这美丽的秋天。

师：你不仅善于思考，还有一双慧眼呢！同学们，这一段的旁边有个小泡泡提示我们"读到这里，我理解了'五彩缤纷'的意思"，你理解了吗？

生：我联系下文理解了"五彩缤纷"是颜色很多，色彩鲜艳，很好看的样子。

生：我从比喻、拟人的写法，理解了五彩缤纷是颜色绚丽，作者喜爱秋天。

师：是呀，联系上下文是理解词语的好方法，不仅有助于我们理解词语表面的意思是颜色多、绚丽多彩；而且结合下文，边读边想象，进一步帮助我们体会比喻、拟人句的写法表达了人们对秋天的喜爱。

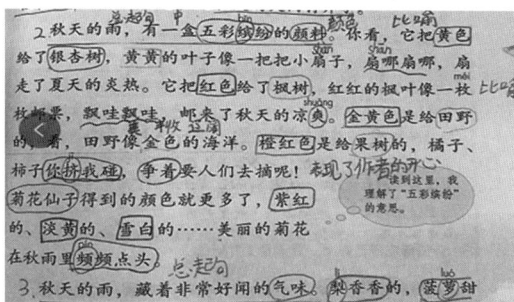

【评析】在丰富的学习情境任务中，学生的能力拾阶而上。首先，通过联结的阅读策略，理解"五彩缤纷"之意：在朗读感悟中，运用联系上下文、结合生活经验、根据形旁猜字义学习经验、找近义词等联结的阅读策略，学生理解了词语，还习得了理解词语的方法。其次，通过辨析"五彩缤纷"与近义词"五颜六色、五光十色"，从"理解词语的意思"迈向"能借助上下文语境，说出关键语句在表达中的作用"，关注比喻句、拟人句等具有新鲜感的语句，运用联想的阅读策略，一边读一边想象画面，同时，为后续的学习创意表达做好铺垫。综合实施评价，实现理解词语的要素学习向鉴赏、创造的能力进阶。

四、背诵仿写，创作鉴赏秋的"五彩缤纷"

1. 利用结构图，背诵第 2 段。

师：有了比喻、拟人的写法，课文的语言优美有趣，利用板书结构图提示，一边读，一边想办法把这优美的词句记在心里。

学生练读、背诵；同桌互相检查背诵，在彼此的书上标注错漏部分。

2. 秋天的雨还会把颜色分给谁呢？仿照句子试着写在学评单上。

师：哪位小作家先来分享展示自己眼中的五彩缤纷的秋天。

生：秋天的雨把橙红色给了橘树，橙红的橘子像一盏盏小灯笼。

师：我们一同欣赏，说说看，她可以摘取几个果实，为什么？

生：两个，因为她用比喻的写法，写出颜色美、形状美。

师：言之有理，你能提出建议，帮助她写得更美吗？

生：可以加上拟人的写法，展示颜色的变化，动态美。

师：你接受建议吗？好，请你修改。

生：秋天的雨把橙红色给了橘树，橙红的橘子像一个个的小灯笼，摇呀摇呀，摇来了丰收的喜悦。

师：祝贺你，进步了。现在请同学们和同桌分享你心中缤纷的秋景，赏一赏，改一改，评一评。

【评析】通过学习任务"以写促读"，在语言"运用"深化"理解"。经历了两个层次学习。第一层次学写句，学会了写比喻句或拟人句，调动生活积累，表达自己眼中秋天的"五彩缤纷"；第二层次，学习对同学写的句子进行赏析，并修改句子，优化自己心中的"五彩缤纷"。

五、拓展比较，运用阅读方法

1. 作业练习：阅读《迁徙的季节》，思考：从哪几个方面写了秋天的景物？和课文比较，在内容的选择和写法方面，有哪些相同和不同之处？自主思考，下一节课，我们继续学习。

2. 课后作业评价单。

课后作业——学习评价单	
学习任务三	评　价
1. 阅读《迁徙的季节》，思考：从哪几个方面写了秋天的景物？画出语句，可参照习任务二的第2题用图表表示。 2. 思考：和课文比较，在内容的选择和写法方面，有哪些相同和不同之处？	和同桌互评，摘取秋天的果实。 （1）画出关键语句； （2）根据关键语句，拟出小标题； （3）我会用图表表示。

【总评分析】

以单元语文要素为导向的评价，从课前预习—课堂学习—课后作业的学习与评价活动中，全程嵌入；评价从理解词语表面意思到词语背后意蕴，从阅读鉴赏到创意表达，以写促读，读写互动，实现语言运用、思维能力、审美情趣和文化自信学科核心素养的整体发展。

第三章

概括类"要素导向"的设计与实践

"概括"一词，在《课程标准（2011 年版）》中提及 1 次，出现在第三部分"实施建议"中关于精读的评价"第四学段侧重考察理清思路、概括要点、探究内容等方面的情况，以及读懂不同文体文章的能力"。在《课程标准（2022 年版）》中出现了 19 次，总目标的第七条就开宗明义地提出"乐于探索勤于思考，初步掌握比较、分析、概括、推理等思维方法"。在小学语文统编教科书中，概括类语文要素的学习，先后安排在第二、第三学段的 11 个单元中。从在课程标准中出现的频次和统编教科书中编排的数量上分析，概括是"阅读与鉴赏"语文实践活动的重要内容，是语文学习需要初步掌握的思维方法，对促进学生核心素养的发展起着举足轻重的作用。

第一节 导教：概括类要素的教学解读

概括，现代汉语词典的释义是"动词，把事物的共同特点归结在一起；总括"。当它进入语文课程视野，需要教师从考试评价、认知过程、学业质量三个维度解读其概念含义，解构其组成因素，分析其能力进阶，明确其活动标准，从而发挥概括类语文要素的导教作用。

一、从素养本位，解读"概括"的定义内涵

1. 从考试命题的指向，解构"概括"的关键要素。

《课程标准（2022年版）》在"课程实施"的"评价建议"部分增加了"学业水平考试"，《高中课程标准（2020年修订）》增加了"学业水平考试与高考命题建议"。学业水平考试的基本功能是检查学生在相应的学习阶段是核心素养的发展水平，为学生的毕业和升学提供依据，为评价区域和学校教学质量、改进教学提供参考。课程标准中两个不同阶段的命题要求或命题指向如下表：

表3－1　"概括"能力命题要求或指向

义务教育命题要求	普通高中命题指向
"阅读与鉴赏"要立足文本信息的提取、归纳、概括，考查学生对作品思想内容、篇章结构……的理解和把握	"阅读与鉴赏"侧重考查整体感知、信息提取、理解阐释、推断探究等内容
"梳理与探究"问题或任务考查学生提取信息、筛选分类、比较概括、归纳总结等思维能力	"梳理与探究"侧重考查……筛选提炼、归整分类等内容

我们审视两个阶段的命题要求，发现都选取了具有代表性价值的阅读与鉴赏、梳理与探究类语文实践活动。目的是在解决问题中，结合思维过程、认知策略、情感过程，考查所需的知识、技能。也发现在语文实践活动中，"概括"这一认知任务需协同几种认知表现、思维能力共同参与。我们进一步梳理这些关键信息，解构出认知表现主要有提取、归纳信息，理解、把握思想内容。思维能力主要有筛选分类、比较概括、归纳总结等。这些都是学生完成相应阶段学习后，应达到的能力。在相应的活动中，能测量评价的认知表现，指向学习的终点。

2. 从认知过程的维度，分析"概括"的进阶序列。

我们以《布卢姆教育目标分类学（修订版）》为学术框架，抓住关键行为动词，分析"概括"相关认知活动的内涵：它们分别对应哪个认知过程类别？属于相关联的 19 种具体的认知过程的哪一种？根据布卢姆的认知过程维度表，比照认知过程的同义词和定义，我们确定了"提取"对应"记忆"，"分类""归纳""概括"对应"理解"，"筛选""整合"对应"分析"，解析了与概括相关的认知过程和思维能力的内涵，如下表：

表 3—2　"概括"相关的认知过程维度

动词	类别及过程	同义词	定义
提取	1.2 记忆—提取	回忆	从长时记忆中提取相关知识
分类	2.3 理解—分类	归类、归入	确定某物某事属于一个类别
归纳	2.4 理解—总结	概括	能用一句话描述信息或概括出信息主题
筛选	4.1 分析—区别	选择、辨别、区分	区分材料的相关与无关或重要与次要部分
整合	4.2 分析—组织	整合、概述、分解、构成	确定要素在一个结构中合适位置或作用

从上表可知，阅读能力体系中"概括"能力的进阶序列，按由低级到高级，经历记忆—理解—分析三个层级。具体为提取信息—归纳内容要点—筛选、整合信息—概述中心意思。概括的定义"能用一句话描述信息或归纳出信息主题"，说明了概括能力在阅读能力体系的重要性，它是大脑对阅读中摄入的信息加工、组合、转化，由理解向运用、表达、创造的高阶能力攀升的关键点。概括能力是阅读能力、逻辑思维发展的重要支撑。正因为如此，《课程标准（2022 年版）》和统编教科书都重视概括能力的学习，在多个单元安排了概括类语文要素学习。

3. 从学业质量的描述，确定"概括"的评价标准。

《课程标准（2022 年版）》及《高中课程标准（2020 年修订）》的"学业质量"部分，都以学生在理解语言的过程中所表现出的理解和表达的行为特征，来描述"概括"能力水平和关键品质。《高中课程标准（2020年修订）》以语文学科核心素养为框架的学业质量水平体系，从语言建构与运用、思维发展与提升、审美鉴赏与创造、文化传承与理解四个方面描述学生应达到的学业水平，"概括"能力归属于"思维发展与提升"核心素养，学业水平主要在每级水平的第二项要求，其中水平一、二对应必修课程的学习要求，水平二是高中毕业达到合格学业水平的要求，序号标识为1—2、2—2。

　　《课程标准（2022年版）》依据义务教育四个学段，采用分学段描述的形式，从识字与写字、表达与交流、阅读与鉴赏、梳理与探究等多个方面对学生学业质量进行描述。而"概括"能力的关键表现，主要在阅读与鉴赏、梳理与探究两项语文实践活动描述应达到的水平。我们梳理出两个阶段的课程标准对"概括"能力的学业质量描述，如下表3—3"概括"能力的学业质量描述。

表3—3　"概括"能力的学业质量描述

学段水平	学业质量描述
第一学段	在阅读过程中能根据提示提取文本的显性信息；能借助关键词句复述故事或其他内容
第二学段	能阅读常见的图文结合的材料，注意图文关联，初步把握材料的主要内容；在阅读过程中能提取主要信息；能复述故事，概括文本内容
第三学段	能概括说明性文字的主要内容或简单的非连续性文本的关键信息；在阅读过程中能获取主要内容；能用文字、结构图等方式梳理作品的行文思路
第四学段	能区分事实与观点；能提取、归纳、概括主要信息；能区分观点材料，并能解释观点与材料之间的联系。能把握主要内容，并通过概括、讲述等方式，表达理解；能理清行文思路，用多种形式介绍作品基本脉络；能概括文学作品中的典型形象特征和典型事件

　　　　　　指向语文要素的教学与实践

学段水平	学业质量描述
高中 水平 1-2	在理解语言时，能提取和概括主要信息，能区分事实和观点，分析各部分内容之间的关系，发现观点和材料之间的联系
高中 水平 2-2	在理解语言时，能区分主要信息和次要信息，理解并准确概括其内容、观点和情感倾向

学业质量描述不同的水平，刻画了学生在提取信息、概括信息、对所获信息的判断、评价和应用信息时不同行为表现，反映了各学段"概括"能力的学业质量标准和水平。

从第一学段至高中水平 2-2 的六个阶段，提取、概括信息所对应标准主要为：提取显性信息—提取主要信息—概括关键信息—提取、归纳、概括主要信息—提取、概括主要信息，能区分事实和观点—区分主要、次要信息，准确概括内容、观点和情感。

第二、三学段把握主要内容方面的标准为：初步把握主要内容—概括主要内容。从第一至第四学段，复述、讲述方面标准为：能借助关键词语复述—能复述故事、讲述主要内容—复述对内容的理解—概括、讲述表达理解。第三学段起，筛选、整合信息方面描述：用图文方式梳理行文思路—厘清行文思路。第四学段主要为判断、评价、应用信息，标准为：能区分事实与观点—发现观点和材料间的联系—区分主要、次要信息。

从考试命题的指向、认知过程的维度、学业质量的描述三方面界定，概括能力主要指在理解语言时，能提取、归纳主要信息，能把握主要内容，并通过概括、讲述等方式，简明扼要、准确地表达对其内容、观点和情感倾向的理解。明晰了"概括"的定义、组成要素、能力层次以及学业标准，能保障教学目标从知识本位转向素养本位，教学路径从模糊的感性经验式走向精准的任务驱动型。

二、梳理要素图谱，厘清"概括"的教学关键

在小学语文统编教科书中，概括类语文要素的学习主要分布在第二、第三学段的 11 个单元中，包括概括语段大意、把握文章的主要内容、把握整本书的主要内容等语文要素。我们梳理单元导语，绘制概括类语文要素的全景图谱，如图 3-1。

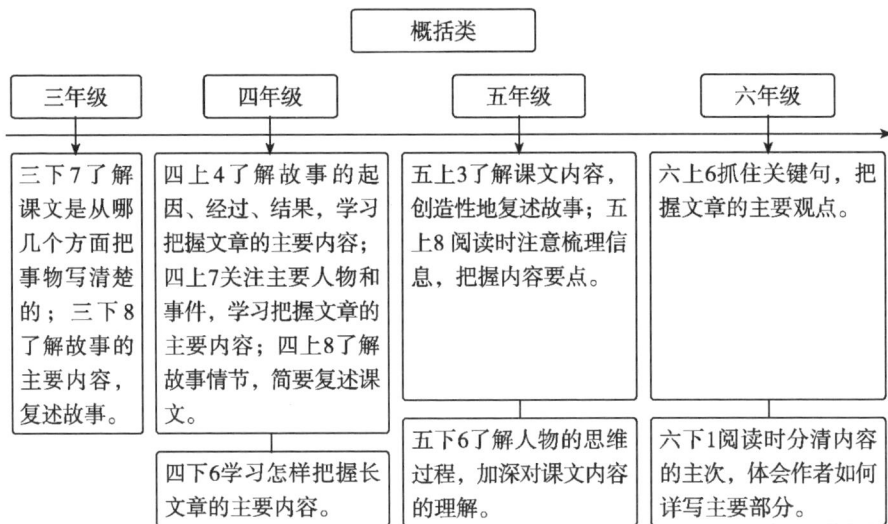

图 3-1　概括类语文要素的全景图谱

图谱清晰地呈现了概括类语文要素实施落地的地图，中年级阅读教学的重点是关注学习了解、初步把握材料的主要内容，对阅读童话、寓言、神话等，能提取主要信息；高年级阅读教学关注把握内容要点，把握文章主要观点，分清内容的主次。

基于全景的要素教学解读，我们在教学设计中，利用全景图谱，比较各年级、册次、单元安排的语文要素内容，可以准确地把握概括能力学习的起点、重点、难点三个关键点。对应图 3-1 概括类要素全景图谱，把握概括能力的学情，以四年级下册第六单元"学习怎样把握长文章的主要内容"为例，分析、梳理、确定教学关键。

1. 往回看，确定起点。

三年级下册第八单元借助表格、示意图等梳理故事的主要内容。四年级上册安排了三次学习把握故事类文章主要内容：第四单元是有关了解起因、经过、结果把握"一件事"故事的主要内容；第七单元关注主要人物和事件把握"多件事"故事的主要内容，"交流平台"总结方法"题目有时能提示文章的主要内容""理清事情的起因、经过、结果也能帮助把握文章的主要内容""有的文章不止写一件事，可以先概括每一件事，然后把几件事连起来，就能把握文章的主要内容了"；第八单元了解故事情节、区分主次内容，进行"简要复述"。这些方法可以迁移、运用到本单元学习中，是学习起点。

2. 看当前，确定重点。

本单元"学习怎样把握长文章的主要内容"，是基于前五次学习，对"了解和把握段落或文章主要内容"的概括能力的总结学习，并有所提升。提升之处在于"长文章"，这是比较之前的学习，显著的不同点，是统编教科书首次提出长文章概括的教学要求。什么是"长文章"？顾名思义，就是文字多、篇幅长的课文，与"短文章"相比，它内容丰富、信息量大。

例如，本单元《小英雄雨来（节选）》一文为3281字，篇幅达54个自然段；《我们家的男子汉》为1574字；《芦花鞋》的字数为1676字，30个自然段。长文章是学生从阅读一篇文章到阅读整本书的过渡，对培养学生成为"真正阅读者"具有重要的教学价值，也是第二、第三学段对浏览、检索关键信息、快速阅读、概括能力的培养落实的途径。因此教学的重点确定为基于起点，了解单元长文章的特点，学习把握文章的主要内容。

3. 朝前看，确定难点。

五年级上册第八单元学习把握文章主要内容的能力，"根据要求梳理信息，把握内容要点"；之后继续在阅读过程中迁移运用，强化训练。

在六年级上册第八单元的"交流平台"，对小学阶段"把握文章的主要内容"的意义、方法作了总结：阅读文章，要注意把握文章的主要内容；文章的题目有时能提示文章的主要内容，关键句对了解主要内容也有帮助；写一件事情的文章，可以通过理清事情的起因、经过、结果来把握主要内容；了解了文章每个部分主要讲什么，再把各个部分的主要意思连起来，就能把握主要内容；把握文章的主要内容，不同的文章有不同的方法，要灵活运用。因此，本单元是把握对于叙事类文章主要内容的关键节点。

同时，在统编教科书中，除了本单元为专题的长文章阅读单元，之后教材又安排了 15 篇字数超过 1000 字的长文章选文。长文有着信息量大的优点，对促进学生语言与思维的发展具有重要的教学价值，也是为五年级的古典名著阅读和六年级的外国文学名著阅读打基础的。但是，因为小学生年龄小，认知水平不高，所以学起来存在一定的困难；把握长文章主要内容的具体的策略、方法，与"短文章"相比，存在差异。至此，本单元学习的难点聚焦在"如何把握"，突破难点的策略为运用浏览、默读、列小标题等方法把握主要内容。

三、把握要素指向，制定"概括"的教学目标

《课程标准（2022 年版）》不仅在"学业质量描述"细化了"概括"能力的课程实施的具体水平，还在第二、第三学段的"学段要求"中规划了"概括"的要求，保证课程实施的方向目标。细读课程标准，我们会发现"概括"能力主要出现在思维能力和审美创造素养对应的目标中，这些目标之间存在怎样的逻辑联系呢？

我们知道，语言是交际的工具，也是思维的工具，语言的发展与思维的发展密不可分；同时，概括、理解是阅读的关键能力，阅读与鉴赏的重点感受语言文字之美，感悟作品的思想内涵和艺术价值，理解欣赏其语言表达。这些学习目标与内容涉及理解、分析、综合、欣赏、评价等认知维度，也涉及审美创造和审美体验。由此，教学目标的设计逻辑

指向语文要素的教学与实践

呈现在我们眼前：语文课程目标是核心素养的学科化、具体化；语文要素是语文课程目标的具体化、操作化。我们如何发挥语文要素对制定教学目标、选择教学内容的"导教"作用？

1. 双线定位单元核心目标。

我们要把握语文要素与语文核心素养的联系，从指向单元的人文主题与语文要素落实，着力让概括类的教学目标成为单元核心教学目标，保障语文要素在相应的单元学习中"学得透"，在语言实践中"润物无声"地以文化人。

再以四年级下册第六单元为例，本单元围绕"儿童成长"人文主题，编排了四篇课文，展示不同时代少年儿童成长的故事。《文言文二则》选编了车胤、李白少年励志苦学的故事，精读课文《小英雄雨来（节选）》选自管桦的同名中篇小说，主要讲述了抗日战争时期，少年英雄雨来为了掩护李大叔，勇敢地同敌人作斗争的故事。

略读课《我们家的男子汉》是一篇叙事散文，作家王安忆讲述了小外甥从出生到四岁的种种趣事，生动地刻画了"小男子汉"逐步成长的形象，原文内容分为五个部分，课文节选了其中三个部分。略读课《芦花鞋》选自曹文轩长篇小说《青铜葵花》，主要写了青铜一家人为了增加收入，一起动手编织芦花鞋，然后让青铜到油麻地镇上去卖芦花鞋的故事，刻画了勤劳、纯朴的少年形象。

本单元的语文要素为"学习把握长文章的主要内容"，课文篇幅长，可指导学生用较快的速度浏览、默读课文，把握主要内容。课文用不同的方式把长文章分成几个部分，《小英雄雨来》用序号，《我们家的男子汉》用小标题，《芦花鞋》用空行标识。可引导学生观察发现并运用这一特点，快速把握文章分成几个部分，结合已有的小标题或通过列小标题来把握主要内容。

口语交际"朋友相处的秘诀"，这个话题也契合单元主题"成长"，"学会相处"是个人"成长"的体现，同时，要求根据讨论学会筛选主要信息、记录重要信息，分类整理信息、有条理地汇报小组意见，这些都是有关概括能力的重要内容。本单元的习作话题是"我学会了_____"，要求"按一定顺序把事情的过程写清楚"，这与阅读要素联系密切，能发挥读写互促的作用，同时发展逻辑思维能力。综上，我们确定单元核心目标为：

【阅读与鉴赏】☆用较快的速度默读课文，用列小标题的方法把握长文章的主要内容。

【表达与交流】☆能按学习的顺序把自己学做事情的过程写清楚；☆能写出学习过程中遇到的困难或有趣的经历，把心情变化写下来；☆能根据讨论的目的，记录重要的信息；☆能分类整理小组的意见，做到有条理地汇报。

【梳理与探究】☆了解单元文章的特点，梳理把握长文章主要内容的方法。

2. 三点细化教学目标和内容。

在单元核心目标的框架下，我们继续借助表2-1教学目标定位器，以四年级下册第六单元为例，分析如何以语文要素为导向，从一学段、一单元、一篇三个基本点，精准地定位并细化教学目标和教学内容。

首先，第二学段仍然要重视识字与写字教学，确定单元课文的常规目标为：

【识字与写字】☆认识46个生字，在语境中辨析读准"吧""哇"等5个多音字，会写24个生字，会写13个词语；☆继续巩固第四单元学习，用硬笔书写成段文字，注意字号大小、间距统一，做到行款整齐、布局合理。

在学习中，为了养成自主识字的习惯，"少教多学"，梳理学习生字的难点，着力学习5个多音字、2个难写字。本单元要认识的生字共46个，鼓励学生借助拼音读准字音，通过形近字辨析识记字形，利用形声字偏旁表义等方法自主识字；5个多音字是学习的难点，可以结合语境，据义定音。在写字方面，可以分类指导要求书写 20 个字，首先引导学生自主写好"左窄右宽"的 11 个字、"左右等宽"的 2 个字、"左宽右窄"的 1 个字、半包围结构的 2 个字；教师点拨写好易错的"慌""膊"字，"不多一点""不少一点"；重点示范教学笔画多的"囊"字，注意横画的长短和留白距离，合理布局，书写美观。

其次，结合本单元的语文要素，参照单元核心目标，从"阅读与鉴赏"以及"表达与交流""梳理与探究"方面确定四篇课文、口语交际、习作的重点目标，甄选出最有教学价值的内容进行教学，落实一课一得，使长文章的教学更加有效。

其中，《文言文二则》借助注释理解文意，《小英雄雨来（节选）》这篇课文篇幅长，作为单元第一篇精读的长文章，在落实语文要素的作用重大，我们可以选择将"给课文列出合适的小标题，说说每部分的主要内容"作为教学重点；《我们家的男子汉》一文课文已列出小标题，可以将教学重点放在"结合文中的小标题把握课文的主要内容，体会作者的情感"；《芦花鞋》一文是单元学习的第二篇略读课文，教学重点为"默读课文，用列出小标题的方式把握课文的主要内容"。

最后，关注选文的独特语言现象，挖掘有教学价值的学习内容，作为本单元课文学习的难点，确定个性化学习目标：

【阅读与鉴赏】☆从动作、语言、神态描写感受车胤、李白、小英雄雨来、"我"家的小男子汉、青铜等人物的美好品质；☆体会还乡河景色描写的作用，体会单元反复语句的表情达意作用；☆默读《芦花鞋》一课，和同学交流印象最深的内容。

本单元四篇课文围绕"成长"的主题，怎样塑造五位不同年代的少年儿童形象？研读文本，我们能发现写法方面的特点：

其一，通过动作、语言、神态刻画人物形象。《小英雄雨来》的第四部分"智勇斗鬼子"，面对敌人的训斥与盘问、哄骗与利诱、威胁与毒打，雨来三次说"没看见"，能让人感受到他机智勇敢、沉着冷静、坚强不屈的英雄形象；《我们家的男子汉》的第二部分也是抓住小外甥的动作、语言、神态描写的，字里行间，展现"他对独立的要求"，流露出作者对他的关爱与赞赏之情；《青铜葵花》第二、第四部分青铜穿、脱芦花鞋的细节很感人，第三部分城里人的语言、动作、神态的描写，流露出他们对芦花鞋的喜爱，这些都写出了青铜纯朴、善良的美好品质。

其二，反复的语句、写法。三处还乡河的景物描写，三次出现"我们是中国人，我们爱自己的祖国"，三次出现关于芦花鞋的"暖和"，三次描写芦花鞋的"美观"。

可依循教科书从精读到略读的体系安排，在教学设计中，从扶到放地引导学生，自主感悟语言表达的秘妙，体会其对故事情节、人物形象、表情达意的作用。

以语文要素导教，助于教师将静态的符号化概括类知识激活，引导学生主动探索、发现概括类语文要素蕴含的丰富内涵与意义；也促进学生对概括类要素"瞻前顾后"，进行系统、层次地学习，经历"概括"能力的产生与发展，组成概括的知识簇，形成概括的能力群。

第二节 导学：概括类要素的教学设计

《课程标准（2022 年版）》提出"义务教育语文课程结构遵循学生身心发展规律和核心素养形成的内在逻辑，以生活为基础，以语文实践活动为主线，以学习主题为引领，以学习任务为载体，整合学习内容、情境、方法和资源等要素，设计语文学习任务群"，我们继续以系统思维，以概括类语文要素为导向，整合单元人文主题和语文要素，进行任务型大单元整体教学设计，使语文核心素养落地生根。

根据图 3-1 概括类要素全景图谱，结合单元选文的题材、体裁，梳理相关的 11 个单元，我们可以发现概括类单元的选文、编排上具有两个特点：其一，选文主要为两大类型，第一类是把握叙事类文章的主要内容，第二类是把握说明、说理类文章的要点观点；其二，教材的编排上，第二、三学段以叙事类文章为主，第三学段增加了部分说明、说理类文体。根据以上教材内容的内在逻辑，我们归纳出概括类语文要素单元的任务类别，整合单元人文主题与语文要素，遵循"故事、叙事"类文章和"说明、说理"类文章的学习特点，设计大单元任务主题与情境，帮助学生建立、迁移、运用"类"学习的策略。

一、记事提要：把握故事、叙事类文章的内容

唐代文学家、思想家韩愈在《进学解》中提出了的"钩玄提要"读书方法，"提要"即"记事者必提其要"，也就是对记事之文要总结掌握其纲要。

如何"提其要"？我们从《课程标准（2022 年版）》中寻找方法，第二学段在"阅读与鉴赏"方面提出"能复述叙事性作品的大意，初步感受作品中生动的形象和优美的语言，关心作品中人物的命运和喜怒哀乐，与他人交流自己的阅读感受"，第三学段提出"阅读叙事性作品，了解事件梗概，能简单描述印象最深的场景、人物、细节"。这些学段要求，蕴含着阅读叙事性作品的学习任务，围绕主要人物概括大意、把握主线讲述故事、聚焦主题表达交流等设计情境和任务框架。

见图 3－1 概括类要素全景图谱，三年级下册第八单元至五年级下册第六单元，这七个单元的语文要素密切关联：一则都是学习怎样把握文章的主要内容；二则大多为故事、事件等叙事性文章，文章塑造了鲜明的人物形象。其中包含了五个专题的故事学习，分别为"有趣的故事""中外神话故事""历史人物故事""成长的故事""民间故事"。单元的人文主题也密切联系，选文的题材主要是关于智慧、成长和优秀文化。如四年级上册第七单元感受不同时期人们的"家国情怀"，五年级下册第六单元"思维的火花"，六年级上册第八单元"走近鲁迅"。

把握了单元选文类别的特点，运用"记事提要"的方法，对故事类文本，进行单元解读和设计。例如，三年级下册第八单元的单元主题为

"有趣的故事"，语文要素"了解故事的主要内容，复述故事；根据提示，展开想象，尝试编童话故事"，编排了《慢性子裁缝和急性子顾客》《方帽子店》《漏》《枣核》四个故事，故事生动形象，曲折离奇，读起来让人忍俊不禁，又有所思考。口语交际围绕着"趣"字展开故事分享会，习作主题是"这样想象真有趣"。

单元精读课文的练习题、略读课文的导学提示，次第安排了具体的要求和方法，从借助表格梳理故事内容，有序复述故事——了解故事的主要内容，复述故事中最意想不到的部分——借助示意图和文字提示，有序复述故事——了解故事的主要内容，自选方法复述故事。围绕要素"复述"，以"趣"为主线，讲有趣的故事、编有趣的故事，单元教学形成一个有机的整体。

因此，本单元以"讲讲有趣的故事"为单元学习主题，创设真实的"故事大王赛"学习情境：

故事是我们成长路上的亲密伙伴，它点亮了我们的智慧，它滋润着我们的梦想，我们的复述故事大王赛即将拉开序幕啦！邀请你来一展实力吧。

在这一情境统领下产生了三个子任务，四项活动，组成单元学习框架：

任务一、读有趣的故事

活动 1：阅读四篇课文，借表格和相关提示、关键句子复述故事，把握故事的主要内容，掌握复述的方法。

活动 2：在学习课文的基础上，结合交流平台和语文园地词句段运用，整理"复述故事方法指南"。

任务二、讲有趣的故事

活动 3：在课外阅读更多有趣的故事，完成"故事卡"，结合口语交际开展"讲趣味故事赛"活动。

任务三、创有趣的故事

活动4：习作，大胆想象，创编一个内容完整、情节有趣的童话故事。

通过上述主题情境及任务，学生掌握第二学段详细复述的方法：要加上表情、动作，要注意语气变化、不漏重点。

二、纂言钩玄：把握说明、说理类文章的要点

"纂言钩玄"，源自韩愈提出的"纂言者必钩其玄"读书方法，对论说类典籍需探寻其深奥隐微之意。《课程标准（2022年版）》在第三学段提出"阅读说明性文章，能抓住要点"，第四学段要求"阅读简单的议论文，能区分观点与材料（道理、事实、数据、图表等），发现观点与材料之间的联系""阅读说明性文章，能把握文章的基本观点，获取主要信息"。

在概括类语文要素的相关单元中，三个单元选文是有关说明、说理类的文本的。如五年级上册第八单元"读书明智"，古文阐述古人有关读书、学习的言论，叙事散文讲述读书的事情；六年级下册第一单元"民风民俗"，编排了散文、小说、古诗等不同的体裁和题材的课文，有着浓厚的文化内涵；六年级上册第六单元古诗抒发对大自然景物的赞美，说理文说明人类"只有一个地球"的事实、呼吁保护地球，散文老农执着种树"青山不老"，现代诗抒写了三黑为代表的农民对土地的深厚感情，突出"保护环境"的主题。

这三个单元不仅内容丰富、形式多样，而且观点明确、主题突出，有利于"根据要求梳理信息，把握内容要点""阅读时分清内容的主次，体会作者是如何详写主要部分的""抓住关键句，把握文章的主要观点"这些语文要素的学习。"引导学生分析证据和观点之间的联系，辨别总分、并列、因果等关系，有条理地表达自己的观点"，为达成第四学段"识别文本隐含的情感、观点、立场，体会作者运用的思维方法""基于阅读和生活实际，开展研讨等活动，表达要观点鲜明、证据充分、合乎逻辑"的学习要求做好铺垫。

再如五年级上册第八单元，围绕人文主题"读书"和语文要素"阅读时注意梳理信息，把握内容要点"和"根据表达的需要，分段表述，突出重点"，编排了三篇课文，一篇古文《古人谈读书》，两篇叙事散文《忆读书》《我的"长生果"》，此外还安排了口语交际"我最喜欢的人物形象"、习作训练"推荐一本好书"以及语文园地等。

如何整合教学内容，设计"梳理信息，把握内容要点"任务的单元教学？针对叙事散文"形散"，内容丰富，信息量大的特点，教学时需借助课后练习、交流平台梳理的学习支架，运用圈画关键的语句、列提纲、画表格或结构图等方法提取信息，继而归纳整合提取的信息，把握主要内容，提高阅读能力。本单元以"读好书，好读书，读书好"为主题，设计了三项主题进阶任务，四项活动，引导学生从读什么书、怎样读书、开卷有益三个方面落实人文主题和语文要素，具体安排如下：

表3－4　五年级上册第八单元"要素导向"主题任务

单元重点目标	单元主题任务	教学内容
1. 根据一定的要求，梳理信息，说出作者对"好书"的看法；推荐好书，分段表述，突出重点	任务一、读好书 活动1. 忆读书。学习提炼关键词、画表格、列提纲、画思维导图等方式梳理作者的读书经历，结合阅读经历，说出对"好书"的看法	《忆读书》 交流平台
	活动2. 荐好书。习作介绍一本书：交流最喜欢的阅读书目；形象表达、分段表述读书的看法；整理阅读书目，制定读书计划	词句段运用1； 习作：推荐一本书
2. 梳理总结古人读书的态度和方法	任务二、好读书 活动3. 谈读法。借注释，理解文意；小组合作，梳理文中读书态度和方法，交流启发；制作书签，整理名人读书方法	《古人谈读书》

单元重点目标	单元主题任务	教学内容
3. 分条讲述，说清楚喜欢人物的理由	任务三、读书好 活动 4. 说收获。运用多种方式梳理信息，学习作者的读写方法，感受课题"长生果"比喻之妙；交流自己搜集文本人物，画表格、列提纲、画思维导图，条理讲述	《我的长生果》；词句段运用 2；口语交际：我最喜欢的人物形象

三、整体规划：设计单元教学真实连贯的活动

《课程标准（2022 年版）》提出"义务教育语文课程结构遵循学生身心发展规律和核心素养形成的内在逻辑，以生活为基础，以语文实践活动为主线，以学习主题为引领，以学习任务为载体，整合学习内容、情境、方法和资源等要素，设计语文学习任务群"。课程结构和课程内容组织与呈现方式的结构化，要求我们整体规划单元学习任务，任务之间有清晰的逻辑关系，学习活动之间也有内在的逻辑关系，体现连贯性和适应性。我们以四年级下册第六单元为例，讨论如何以概括类语文要素为指导，围绕"成长"的人文主题，整合单元教材资源，创设"探索成长的密码"单元主题情境，设计真实、连贯的单元学习任务。

1. 要素进阶式单元任务活动。

统编教科书四年级下册第六单元，见图 3－2，教材"体系链"仍然是双线组元，从单元导语、课文、课后练习到语文园地都紧紧围绕"成长"主题和"学习把握长文章的主要内容""按一定顺序把事情的经过写清楚"的语文要素展开。《课程标准（2022 年版）》对发展型学习任务群"文学阅读与创意表达"，提出的要求"阅读反映少年成长的故事、小说等，交流自己的获得的启示；学习运用细节描写等文学表现手法，描述自己成长中的故事"。

学习把握长文章的主要内容

体系链：单元导语　课文　口语交际、习作、语文园地

内容链：
- 小英雄雨来：了解雨来成长为小英雄的原因
- 我们家的男子汉：体会男子汉的成长特点
- 芦花鞋：体会青铜苦难中的成长
- 口语交际：记录重要信息，分类整理，有条理汇报；习作：学会做事的成长经历；交流平台，梳理总结三篇长文章的特点及把握长文章主要内容。

习得链：
- 学长文章的读法：1.边读边想；2.回读思考；3.较快的速度默读，抓主要人物和事件，列小标题。
- 迁移读法：用较快的速度默读，列小标题把握每部分的主要内容。
- 运用读法：快速默读课文，列小标题，将各部分主要意思连起来，把握主要内容。

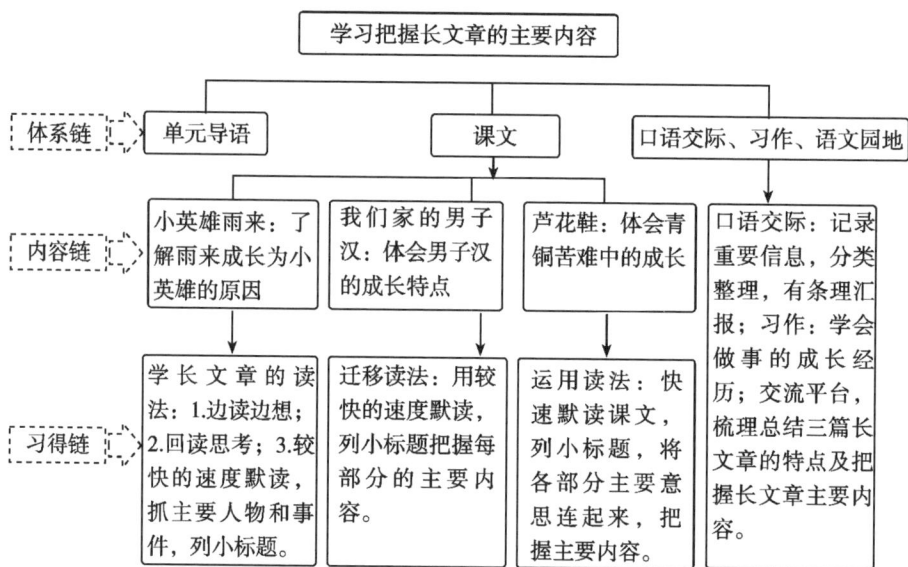

图3—2　"学习把握长文章的主要内容"要素学习链式

因此，我们可以在本单元《小英雄雨来》《我们家的男子汉》《芦花鞋》三篇长文章的阅读与鉴赏活动中，梳理了解小英雄成长的原因、体会男子汉成长的特点、体会苦难中的成长。在口语交际、习作的表达与交流活动中，议一议学会与朋友相处的秘诀、怎样向父母表达爱的成长经历，写一写自己学会做事的成长故事。形成由阅读到表达的教学内容链，以及精读课文学习和理解方法—略读课文迁移与运用方法—交流平台梳理总结方法，从"教读—学读—自读"的语文要素习得链。由于《文言文二则》非长文章，仅在主题上与本单元人文主题关联，因此，在讨论语文要素导向的单元整体设计时，暂不论及。

把握了这些教材体系、教学内容、要素习得的链式逻辑后，我们设计单元连贯、进阶式的学习任务活动框架。任务一列小标题，学习把握长文章主要内容，整合三篇课文，设计从学习阅读、迁移阅读、自主阅读的进阶式活动。任务二鉴赏写法，感受人物美好品质，经历理解、迁移运用的语言实践活动。任务三学写故事，按序写清事情经过，设计从

口语交流到书面表达的两项活动。三项任务，从阅读鉴赏到表达交流的实践活动中，感受人物特点与品质，记录整理资料，按一定的顺序写事情，内化、迁移与运用这些能力与方法。

2. 要素组块式单元任务活动。

《课程标准（2022年版）》提出"义务教育课程实施从学生语文生活实际出发，创设丰富多样的学习情境，设计富有挑战性学习任务……促进自主、合作、探究学习"。本单元三篇课文的内容分别是战争年代小英雄的成长、和平年代小男子汉的成长以及艰难岁月少年的成长。参照任务群学习要求，如图3—3，将单元主题提炼为"揭开成长密码"，并创设单元大情境：同学们，我们正慢慢长大，在跌跌撞撞的脚步中，变得更好更成熟；在深深浅浅的脚印里，写满成长的故事。这个单元，让我们一同读他人的成长故事，说说、写写自己的成长故事，探寻成长的密码。

在这个大情境中，我们以阅读与鉴赏、表达与交流等语文实践活动为主线，以"揭开成长密码"主题引领，设计两项组块式单元任务，两大组块任务中安排"从读到写"活动组块式学习活动，融合单元三篇长文章、口语交际、习作等学习内容，活动内容为"列小标题读长文""品写法读故事""析人物议成长""写自己的成长"。如图3—3。

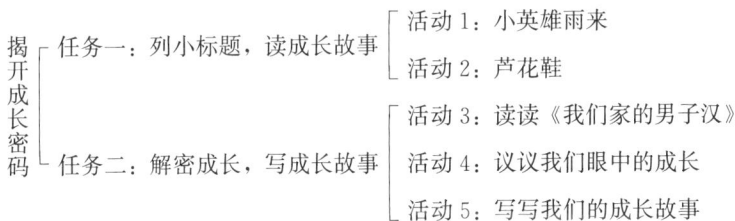

揭开成长密码 ┬ 任务一：列小标题，读成长故事 ┬ 活动1：小英雄雨来
　　　　　　　└ 　　　　　　　　　　　　　　　 └ 活动2：芦花鞋
　　　　　　　┌ 任务二：解密成长，写成长故事 ┬ 活动3：读读《我们家的男子汉》
　　　　　　　└ 　　　　　　　　　　　　　　　 ├ 活动4：议议我们眼中的成长
　　　　　　　　　　　　　　　　　　　　　　　　└ 活动5：写写我们的成长故事

图3—3　四年级下册第六单元组块式学习任务活动

任务一"列小标题，读成长故事"，整合《小英雄雨来》《芦花鞋》两篇课文，通过列标题、读故事学会把握长文章的主要内容，感受人物的美好品质，解锁战争年代小英雄、艰难岁月少年的成长密码。任务二

"解密成长，写成长故事"，课文《我们家的男子汉》生动地指明了成长的理想路径，文中所体现的"男子汉"精神，更是向学生揭示了要强健生命精神的成长密码，同时小外甥学会独立、学会沉着面对生活的挑战，还具有作为习作《我学会了_____》范文的价值。所以，将《我们家的男子汉》、口语交际、习作整合，把单元三篇课文不同时代孩子成长与口语交际结合，在阅读与鉴赏、表达与交流中，体会什么是成长。

3. 要素组块式单元教学活动示例。

揭开成长密码

——四年级下册第六单元整体教学设计

任务一：列小标题，读成长故事

活动1：小英雄雨来（2课时）

同学们，这个单元我们将阅读几篇长文章，走进不同时代少儿的生活，去感受童年的美好与成长之乐。我们一同读故事，去认识还乡河边的小雨来和大麦地村庄里一个叫青铜的男孩。

1. 聚焦长文，发现特点。

（1）发现长文章特点

结合预习，引导发现本文跟以往学习过的课文的不同之处。

预设1：课题标注节选；课文很长，每部分标有序号。

导学：选自管桦同名小说《小英雄雨来》的前五个章节，所以课题后面标注了"节选"两个字。这篇课文有54个自然段，近3000字；（出示单元导语页）了解本单元学习任务：学习把握长文章的主要内容。（板书：节选）

预设2：课文里有泡泡状的学习提示……

导学：结合泡泡提示，提炼阅读方法。（板书：边读边想，回读思考）

（2）整体感知课文内容

运用泡泡提示的方法，快速默读课文，整体感知课文每个部分写了什么。

2. 列小标题，走近雨来。

（1）借助样例，列小标题

导学：四年级上册已经学习了通过了解故事的起因、经过、结果以及关注主要人物和事件来把握文章的主要内容。（出示课后习题2的小标题）"游泳本领高""上夜校读书"，默读课文第一、二部分与小标题，你有什么发现？

预设1：小标题概括了雨来的主要事迹。

预设2：习题运用了"浓缩段意法"，在概括段意的基础上，把主要意思加工提炼成小标题。

师：像这样写人的文章，可以通过抓住主要人物＋事件，用列小标题的方式梳理内容。（板书：列小标题）

（2）学以致用，列小标题

快速默读第三至第六部分，尝试列小标题，写在课后练习上。学生交流所列小标题，重点交流第四部分，阐述概括的思路。

预设："鬼子审雨来""与鬼子斗争""雨来不屈服"……

方法要点：运用自己的话，主要人物＋事件等。小标题"鬼子审雨来"，雨来是故事的主要人物，从这一角度出发，"与鬼子斗争""雨来不屈服"更合理。

继续修改、交流小标题：本领高超、接受教育、掩护大叔、遭受毒打、跳入水中等。

对比原著目录，充实学法。"这儿是中国的土地""一定救回自己的同志"……这是引用主角语言的方法；六个小标题可以是"望着妈妈笑""我们爱自己的祖国""把缸搬回原处""什么也没看见""有志不在年高""雨来没有死"，是选用文中重点句，这是从课文的段落中去找能概括这段内容的关键词，或短语、短句，做小标题。

（3）串连标题，把握主要内容

学生尝试把小标题连起来，说说课文的主要内容。

小结：列小标题，可以将长文章读短；用小标题，可以把握主要内容。

3. 品味写法，走进小英雄。

1937 年，中国进入了全民抗战时期，就连少年为了保家卫国，也与敌人进行顽强的斗争，雨来就是其中的一个缩影，作者称他为"小英雄"，这个 12 岁的孩子，是如何与鬼子斗争的？请认真阅读第四部分，画出雨来与鬼子斗争的表现，提取语言、动作的关键词，照样子填写"学评单"练习 2 思维导图。

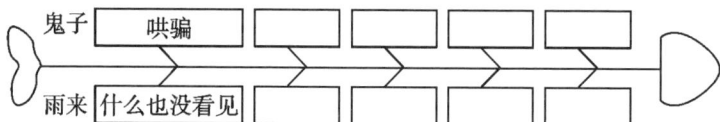
练习 2 思维导图

（1）关注三处"没看见"，品味人物语言

预设：抓住描写雨来的语言、动作的关键词，体会他机智、勇敢、坚强的品质；聚焦鬼子的行为，感受雨来的坚强。（板书：机智、勇敢、坚强……）

（2）关注三处"中国人"，感悟英雄精神

导学：这就是雨来被称为"小英雄"的原因。是什么力量，让年少的雨来在敌人毒打之下依然态度坚决、绝不屈服？

预设："我们是中国人，我们爱自己的祖国。"

联系上下文，读读这句话，你体会到什么？

导学：夜校老师教孩子们念这句话，在雨来心中种下了爱国的种子，所以他能在敌人面前这样勇敢，这样坚定，这就叫信念。有信念的人，才能成为真正的英雄。

朗读体会"没看见""我们是中国人，我们爱自己的祖国"反复写法的好处。

　　　　　　指向语文要素的教学与实践

（3）关注三处"还乡河景"，体会写景作用

（出示课后练习3）比较发现：三处描写，出现在文章的什么地方，有什么不一样。

导学：第一部分中的还乡河景色描写，是为故事的发生与发展作铺垫；第五和第六部分景色描写，联系上下文"芦花村里的人听到河沿上响了几枪"，可以推断当时乡亲们以为雨来牺牲了，"浮云像一块一块红绸子""像开了一大朵一大朵鸡冠花""飘飘悠悠地飞着"等景物描写，表现了乡亲们对雨来的惋惜与不舍。

4. 运用读法，阅读整本书。

师：小英雄雨来的故事感动了很多人，雨来也成了少年儿童心目中的英雄。课后请读管桦爷爷的原著《小英雄雨来》，说说看，可以怎么读呢？

预设1：读完一部分，停下来想一想这部分讲了什么，然后再往下读。读完了，可以用小标题连起来讲一讲故事。

预设2：有些人物和情节模糊了，还可以回过去再看一看，理清楚前后之间的联系，读起来就更顺畅了。

预设3：可以"运用自己语言""选用关键语句""引用主角语言""主要人物＋事件"等方法来概括小标题。

师：（出示英雄人物卡）用今天学的阅读长文章的方法去阅读，相信同学们会有更多的收获。让我们一边读一边制作英雄人物成长卡，期待在读书心得交流分享中，我们一同揭开成长的密码。

活动2：芦花鞋（2课时）

（出示《青铜葵花》）简介内容，课文《芦花鞋》选自这本书的第四章。简介写作背景："五七干校"时期的江南水乡农村，城市女孩葵花失去了自己的爸爸，被男孩青铜家收养，成了他的妹妹。聪明的心地善良的哑巴青铜，因此意识到自己作为小男子汉的责任：家里只能一个人上学，他把机会让给了葵花；为了葵花能照相，他冒风雪站在街头卖

芦花鞋。

1. 感知形式，试列标题。

（1）引导发现

出示"课堂学习评价单"，这篇课文是用什么方式把长文章分为四个部分的，与本单元另外两篇课文有什么不同？

课堂学习——学习评价单	
活动 2——芦花鞋	评价
1. 这篇课文是用_____的方式把长文章分为四个部分的。 2. 默读课文，为每个部分列出小标题。 编芦花鞋 → □ → □ → □ （起因）　（　　）　（　　）　（　　）	2. 自评： 　小标题能概括各部分的主要内容。　☆☆☆ 语言较简洁。☆☆☆

预设：这篇课文用——空行的方式把长文分为四个部分；《小英雄雨来（节选）》用序号划分课文；《我们家的男子汉》用小标题划分课文。

（2）列小标题

①运用方法，列小标题

引导回忆：用自己的语言概括；选用关键语句；引用主角语言；主要人物＋事件。

运用学法：默读课文，列小标题，填写习题2。

讨论要点：引导学生分享运用概括法所列小标题，说一说提炼过程。

师引导：第一部分内容"青铜一家为了增加收入，编织了一百零一双芦花鞋"，课文以芦花鞋为题，围绕芦花鞋这一线索，可以用自己的语言概括为编芦花鞋、小标题可以概括为"编芦花鞋"。

预设交流 1：其余部分概括为卖芦花鞋、买芦花鞋、最后一双芦花鞋。

预设交流 2：第二部分运用主要人物＋事件的方法概括主要内容为"一个大雪天，青铜不顾家人的劝说，坚持去镇上卖芦花鞋"，小标题可以提炼为"冒雪去卖鞋"；运用这一方法，第三部分主要写青铜没想到几个城里人竟买了十双芦花鞋，提炼为"意外卖掉十双鞋"，第四部分主要写青铜打算卖掉脚上最后一双芦花鞋的情景，可以概括为"卖掉脚上芦花鞋"。

②用小标题，概括内容

把四个小标题连起来看，你发现了什么？

预设 1：四个小标题对应故事的起因、经过、发展和高潮的发展顺序。

预设 2：把四个小标题串联起来，就是故事的主要内容。

借助小标题，按照故事的起因、经过、发展、高潮，说一说故事的主要内容。在小组内练说，互相帮助，注意语言的完整性与表达的流畅性。

小结：借助小标题，用自己的语言把课文内容串联起来的方法，能帮助我们把握长文章的主要内容。

2. 品味写法，走进青铜。

(1) 自学提示：英文版的《青铜葵花》被出版公司纳入"全球最美小说系列"。默读课文，批注让你印象深刻、美好的内容，先独立批注，再和同桌交流。

交流要点：教师梳理整合学生的话题，聚焦"芦花鞋""青铜"两大重点，引导学生品读交流。

(2) 印象深刻——暖和好看的芦花鞋

预设 1：芦花鞋给我留下印象最深的是"暖和"，在文中的语句反复出现

①那鞋很厚实，像暖暖和和的鸟窝。

②那芦花很像鸭绒，看着，心里就觉得暖和。

③他觉得双脚暖和和的。

预设2：芦花鞋很美，文中也反复写道

①这两双芦花鞋，实在是太好看了。那柔软的芦花，竟像是长在上面的一般。

②他们忘记了它们的用途，只是觉得它们好看——不是一般地好看，而是特别地好看。

小结：文中描写芦花鞋的句子很多，让我们感受到芦花鞋既实用又美观的特点。（板书：暖和好看）

（3）印象深刻——勤劳善良的青铜

文中还多次出现了关于青铜的描写，哪些语句让你印象深刻？你从中体会到了什么？全班交流分享阅读感受。

预设1：勤劳吃苦

①但青铜却坚持今天一定要去镇上。他对奶奶他们说："今天天冷，更会有人买鞋的。"

交流要点：从寒冷的天气能感受到青铜冒雪卖鞋的艰辛，从"坚持、一定、更会"能体会到青铜是个吃苦耐劳的孩子。（板书：勤劳吃苦）

预设2：纯朴善良

①"他没有因为他们的眼神里闪现出来的那份欣喜而涨价，还是报了他本来想卖的价。"诚实善良的孩子。

②那人失望地一摊手，并叹息了一声。青铜望着那个人，心里觉得有点儿对不住他。

③但过了一会儿，他将右脚从芦花鞋里拔了出来，站在了雪地上。他的脚板顿时感到了一股针刺般的寒冷。

要点：青铜不趁机宰顾客的细节描写，忍着寒冷脱下芦花鞋，给没买到鞋的顾客的动作描写，让人留下了深刻的印象，他的纯朴善良令人

感动。（板书：纯朴善良）

3. 读整本书，深化主题。

（1）补充原文片段，了解成长环境

大人们已经开始盘算着孩子开学后所需要的各种费用。虽然数目不大，但对大麦地的大多数人家来说，却是一笔非同小可的开支。大麦地的孩子，有到了上学年龄就准时上学的，也有的到了上学年龄还在校外游荡的……

这些天，青铜家的大人们，每天夜里都睡不好觉。沉重的心思，压迫着他们。家里原先准备了一笔钱的，那是让青铜进城里聋哑学校读书用的。青铜已经十一岁了，不能再不去读书了。可葵花已经七岁，也到了上学年龄了。

从此，青铜一家人更加辛勤地劳作。年纪已大的奶奶一边伺候菜园子，一边到处捡柴火，常常天黑了，还不回家……

引导：青铜与葵花的童年与我们有很大不同，他们的童年生活是（　　　）的。

（2）迁移运用学法，解读成长密码

导读：苦难伴随着成长，青铜虽然生活在一个苦难的年代，但他和家人并没有被生活的重担压垮，而是带着希望迎接生活。出示小说目录，《青铜葵花》中像"芦花鞋"这样的事物还有很多。第一章　小木船，第二章　葵花田，第三章　老槐树……第七章　三月蝗……让我们共读《青铜葵花》，以这些事物为线索，走进青铜的成长经历。

任务二：解密成长，写成长故事

活动3：读读我们家的男子汉（2课时）

1. 引发思考，自主学习字词。

（1）谈"男子汉"印象

师：作家王安忆却把刚出生的小外甥称为"男子汉"，这是一个怎样的"男子汉"呢？

（2）自主学习字词

2. 借小标题，初识"小男子汉"。

（1）把握主要内容

通过本单元的学习，可以怎样借助小标题把握长文章的主要内容？自由朗读课文，试着给每个部分换个小标题。

预设：列出小标题，把小标题串联起来，用自己的话说通顺。（板书：列小标题、串小标题、说得通顺）

（出示学习单）运用学法，给每个部分小标题：可以从运用自己语言、选用课文词句、引用人物语言等角度进行概括。

（2）梳理主要事例

（出示学习单）用较快的速度默读课文，填一填：围绕小标题，作者列举了哪些细节和事例？

换小标题	细节或事例	男子汉气质	作者情感
他吃饭很爽气；他吃得极有滋味	什么都要吃；为了活下来吃蔬菜；对所有滋味都有兴趣；为去少林寺放弃吃的乐趣	可爱、天真	喜欢
他要自己买东西；不要，不要，我自己说	不愿让人牵手；要自己买东西；拿汽水瓶子换橘子水	独立、执着、耐心	关爱、欣赏
他坦然接受现实、他勇敢抓住窗框	接受去托儿所的现实；勇敢地爬上火车	理智、勇敢	欣喜、自豪

3. 交流讨论，欣赏"小男子汉"。

（1）自读思考，完成学习单：从细节或事例中体会到的男子汉气质。

（2）小组讨论，全班汇报，教师结合学生的生活经历点拨。

第一部分

预设1：什么都要吃……他不爱吃青菜。为了活下来，他能改变自己。

预设2：他对所有的滋味都有兴趣，为了吃小笼包子，可以耐心地等上三刻钟。为了达成自己的目标，他有耐心。

预设3：向往着去少林寺当和尚，放弃吃肉汤拌饭，放弃吃棒冰，他放弃吃的乐趣。

第二部分

预设1："他不愿让人牵他的手"，从挣扎的动作，看出他独立的愿望。

预设2：买东西时"不要，不要，我自己说""你不要讲话啊""勇敢地开口了""他满头大汗地、耐心地等待着"，他努力地摆脱大人的帮助，独立的愿望十分强烈。

第三部分

预设1：能接受现实去托儿所，"他一声不吭，很镇静地四下打量着"显得镇定；在托儿所里，能够迅速地熟悉起来，他勇敢地面对环境的变化。

预设2：虽然极不愿意回安徽，但是担心自己上不了火车，仍然很着急地认为自己非走不可，他变得理智；"他勇敢地抓住窗框，两只脚有力地蹬着车厢，攀上了窗口""他推开那些妨碍他的手"，表明他已经有了足够的胆量，真的能独立了。

（3）体会情感，解密成长

读结尾，联系全文说说作者对这个"男子汉"有着怎样的情感。

导学：最后一个自然段有两处用了"一点儿一点儿"，一处是看着他"一点儿一点儿"长大，另一处是他男子汉的特点"一点儿一点儿"鲜明，感受到作者对他成长的关切与赞美。

活动4：议议我们眼中的成长（1课时）

1. 创设情境说说成长。

这个单元，我们认识了雨来、青铜、小男子汉，让我们从他们深深浅浅成长的脚步中，说说成长是什么，怎样成长。小组交流、讨论。

2. 范例引路学习方法。

出示《口语交际》范例：这是一个小组在讨论"成长是表达对父母的爱"时作的记录。请同学们阅读记录表与泡泡里的内容，说说自己读懂了什么。

明确记录和整理信息的要点：

（1）记录信息：分工安排一名记录员，记录每位成员的要点。

（2）分类整理：整合归并相近的想法，并且标明同学的名字。

（3）批注重点：批注认同的重要意见，作为汇报的主要内容。

3. 议一议成长的密码。

（1）"表达父母的爱"成长的密码有哪些呢？除了我们从课文中了解的一些，你还想到了哪些方面？借助学习评价单，小组讨论、记录、整理信息。

课堂学习——学习评价单	
活动4——议议我们眼中的成长	评价
1. 请用表格整理小组信息 序号　秘诀　理由　发言人 　1 　2 　3	提出的内容重要 汇报的内容有序 语言的表达清楚

解密成长：每个小组推选一位代表上台汇报；其他小组根据量表评价。

（2）友情伴我们成长，"朋友相处的秘诀"又有哪些呢？请继续用表格整理信息和评价。

指向语文要素的教学与实践

活动5：写写我们的成长故事（2课时）

1. 说说我们的成长故事。

（1）依托单元主题，创设习作情境

本单元学习，我们认识了游泳本领高超的雨来、善良能干的青铜和独立面对挑战的"小男子汉"，在讨论交流中解开了成长的密码。你们一天天长大，相信也学会了做很多事情，相信你们的成长故事也一定很精彩。回想一下，你学会的哪件事让你最有成就感？把它填在构思单题目的横线上。

（2）拓宽选材思路，梳理构思导图

我学会了 ┌ 家务劳动：洗碗、做菜……
　　　　　│ 生活本领：网购、种花……
　　　　　└ 特长爱好：跳舞、游泳……

2. 写写我们的成长故事。

（1）读写迁移，学把过程写清楚

（出示要求）把学做这件事的经历、体会和同学分享。写之前想一想：

◇你是怎样一步步学会做这件事的？

◇学习过程中遇到了哪些困难？是怎么克服的？

◇有哪些有趣的经历？心情有哪些变化？

结合《我们家的男子汉》第三部分，完成构思导图，交流怎样把过程写清楚。

我学会了 ┌ 家务劳动：洗碗、做菜……　┌ 怎么学的
　　　　　│ 生活本领：网购、种花……　│ 结果怎样
　　　　　└ 特长爱好：跳舞、游泳……　│ 遇到困难
　　　　　　　　　　　　　　　　　　　└ 心情变化

要点：把自己学会做的事情的起因、从"不会"到"学会"所经历的过程、结果，用顺序词理出顺序，注意心情变化。（板书：经过　不

会→学会；遇到困难　怎么解决　心情变化）

　　（2）口头习作，研制表现性量表

　　请你和小组同学先讲一讲吧，听的同学要提出建议。引导学生对写作的内容和写法进行完善，指导将学习过程写清楚，总结习作重点，形成评价量表：

　　（1）按顺序表达：按一定顺序写清楚如何学做这件事。

　　（2）过程写清楚：写清"不会"到"会"的过程。

　　（3）心情有变化：多种方法，写出有趣的经历，心情的变化。

　　3. 评评我们的成长故事。

　　（1）完成习作，对照量表，自改语句不通顺的地方。

　　（2）互改习作，根据量表，修改评价把过程写清楚。

第三节　导评：概括类要素的学业评价

　　在实施课程评价时，细化评价的目标和内容是发挥评价检查、诊断、反馈和激励功能的关键。我们梳理《课程标准（2022年版）》学段目标、学业质量部分中有关概括能力的要求，紧扣课程内容的教学提示，细化评价的目标和内容，编制概括能力评价框架和评价标准，做到教学目标和评价目标高度一致。

一、概括类语文要素的评价框架

　　《课程标准（2022年版）》中在课程目标、学习内容、教学提示、学业质量部分，分别对学生核心素养学习、发展、学业成就进行具体描述，有利于教师准确理解和把握素养的进阶，因此，我们梳理了下表概括类语文要素的评价框架。学段目标、学习内容、学业质量描述，三者具有呼应和互补关系，提示各学段的概括能力学什么、怎么学、学到什么程度。

表 3－5　概括类语文要素的评价框架

学段	学段目标（阅读与鉴赏）	学习内容（教学提示）	学业质量
第一	听故事、看影视作品能复述大意	实用性阅读与交流：通过倾听、阅读、观察，获取、整合有价值的信息；评价应注重在真实情境中语言运用的实际表现，围绕实际任务，评价实用性阅读与交流能力	能根据提示提取文本的显性信息；能借助关键词句复述故事或其他内容
第二	学习略读，粗知文章大意；能初步把握文章的主要内容；阅读整本书，初步理解主要内容	文学阅读与创意表达：通过整体感知、联想想象感受文学语言和形象的独特魅力；评价应围绕学生阅读文学作品的过程性表现进行	能注意图文关联，初步把握主要内容；能提取、讲述主要信息
第三	学习浏览，根据需要搜集信息；阅读叙事性作品，了解事件梗概；阅读诗歌，大体把握诗意；阅读说明性文章，能抓住要点，阅读简单的非连续性文本，能从图文等组合材料中找出有价值的信息；阅读整本书，把握主要内容	思辨性阅读与表达：梳理观点、事实与材料及其关系；评价要关注学生在问题研究过程的现场表现，以及活动过程中产生的文字、表格、统计图、思维导图等学习成果	能概括主要内容或关键信息；能获取主要内容；能用文字、结构图等方式梳理行文思路

　　在评价框架中，概括能力的学段目标，主要在阅读与鉴赏的语文实践活动中描述。对照和分析学段的目标和学业质量描述，我们能发现，基于义务教育阶段学生的学情，这些目标和学业质量描述对概括能力做了一些限定，如行为方面的"粗知""初步把握""初步理解""大体把握"；内容方面，第一、第二学段阅读与鉴赏的内容宽泛，第三学段根据"叙事性作品""诗歌""说明性文章""简单的非连续性文本"提出

不同的预期目标。学业质量描述不同的水平，刻画了学生在提取信息、概括信息、对所获信息的判断、评价和应用信息时的关键表现，反映了各学段结束时，"概括"能力的学业质量标准和水平。

二、概括类语文要素的评价标准

统编教科书的课后练习，都设置了训练单元语文要素的练习。如五年级下册第六单元的语文要素为"了解人物的思维过程，加深对课文内容的理解"，三篇课文都安排了有关了解人物思维过程的课后题。《自相矛盾》的课后练习第三题为"想一想：'其人弗能应也'的原因是什么"，《田忌赛马》的第二题"连一连，把齐威王和田忌赛马的对阵图标画出来。说一说：孙膑为什么要这样安排出场顺序"，《跳水》的第三题"在那个危急时刻，船长是怎么想的？他的办法好在哪里？和同学交流"。

这些习题是落实语文要素的路径。在教学中，可以围绕习题设计学习活动，引导学生讲课文中的相关语句，作为推想人物思维过程的依据，引导学生用自己的语言说清楚思考过程，从而推想出人物的思维过程，在了解人物思维过程的同时，深入理解课文内容。以课后习题为抓手，细化评价标准，能发挥要素的导向价值。

首先，定位教学内容归属的学习任务群。根据单元语文要素、人文主题、选文类型，确定单元任务群类型。再如五年级下册第六单元，人文主题为"思维的火花"，选文都展现了思辨与智慧，单元价值在于引导学生树立结合实际思考问题的意识，并根据具体情况选择恰当的解决问题的办法。可以将之归为"思辨性阅读与表达"任务群。

其次，确定相关任务群的评价重点。对照"评价框架评价"，实施"思辨性阅读与表达"任务群的评价要"关注问题研究过程的现场表现，以及活动学习成果"。也就是关注在学习过程和学习结果两个维度。学习过程的维度包括主要学习行为和学习态度，可以从学习方法的掌握和运用、学习的主动性和积极性、学习过程的合作与分享、学习成就的自我反思和改进等方面设计具体的而评价指标。学习成果维度主要强调学生核心知识和关键能力的掌握情况，通过评价作业作品的质量来判断，在以课后练习为基础设计的课堂活动中，评价关注学生在交流中梳理的信息是否完整，推想是否合理。以此引导学生联系实际情形和故事的结局，找出能够合理解释人物思维过程的依据。

最后，结合课后练习语文要素的训练重点，细化评价框架，细化教学目标，将之转化为评价的标准。再以五年级下册第六单元课后习题为例，三道相关习题都需要提取关键信息。探究"其人弗能应也"的原因，需要在理解课文大意的基础上，把握课文的关键信息，上文中卖者和围观者的对话进行推想；"连一连，把齐威王和田忌赛马的对阵图标画出来"，习题以连对阵图的方式，使内隐的思维过程外化，通过从课文中提取关键信息，更好地把握故事内容；说出船长的办法好在哪里，需要学生提炼关键信息，了解船长出舱后观察到的情况，分析利弊做出抉择，进而体会方法的好处。当然，结合单元人文要素，将思维方法用于解决生活中问题的旨意，并尝试在生活中运用，作为优秀的评价标准。如下表：

表 3－6　概括类要素的评价标准

任务群	教学提示	核心素养	单元要素	学业质量水平		
				合格	良好	优秀
实用性阅读与表达	评价注重在真实情境中的语用的实际表现	文化语用思维	五上8根据要求梳理信息，把握内容要点	能借助圈画关键、列提纲、画表格等方式梳理信息，把握内容要点	能根据要求，选用圈画关键、列提纲、画表格等合适的方式梳理信息，把握内容要点	能根据要求，选用圈画关键、列提纲、画表格等合适的方式梳理信息，用一段完整的话把信息说清楚，整体把握内容要点

任务群	教学提示	核心素养	单元要素	学业质量水平		
				合格	良好	优秀
			六下1阅读时分清内容的主次，体会作者是如何详写主要部分	能理清课文表达顺序，把握课文内容，初步把握主次安排及其效果	能理清课文表达顺序，把握课文内容，分清主要内容，了解详略安排，体会详略安排的效果	能理清课文表达顺序，把握课文内容，分清主要内容，了解详略安排，体会详略安排的效果，习作时能根据内容的主次安排详略，突出重点
文学阅读与创意表达	评价应围绕学生阅读文学作品的过程性表现进行	文化语用思维审美	三下8了解故事的主要内容，复述故事	能借助表格、示意图和文字提示有序、连贯地复述故事	能借助提示有序、连贯地复述故事，重要情节讲具体	能借助提示有序、连贯地复述故事，重要情节讲具体，能把故事讲得有趣
			四上4了解故事的起因、经过、结果，学习把握文章主要内容	能借助插图、抓住重点词句，提取出故事的起因、经过、结果，简要地说故事主要内容	能提取出故事的起因、经过、结果信息，简要、连贯地说故事主要内容	能提取故事的起因、经过、结果的信息，用自己的话简要、连贯地说故事主要内容

任务群	教学提示	核心素养	单元要素	学业质量水平		
				合格	良好	优秀
			四上7关注主要人物和事件，学习把握文章主要内容	能抓住时间、地点、主要人物言行等归纳每件事的大意，根据事与事的关系，把每件事连起来把握主要内容	能抓住时间、地点、主要人物的言行等归纳每件事的大意，根据事与事的关系，按顺序把每件事连起来把握文章主要内容	能抓住时间、地点、主要人物的言行等归纳每件事大意，根据事与事的关系，简要地、按顺序把每件事连起来把握文章主要内容
			四上8了解故事情节，简要复述	能梳理故事情节，抓住主要内容复述，其他内容适当省略	能梳理故事情节，抓住主要内容复述，其他内容适当省略，按一定顺序进行复述	能梳理故事情节，复述抓住主要人物和事件并说清楚，其他内容适当省略，按一定顺序进行复述

任务群	教学提示	核心素养	单元要素	学业质量水平		
				合格	良好	优秀
			四下 6 学习怎样把握长文章的主要内容	能用列小标题概括各部分内容，把每个部分的主要意思连起来，把握长文章的主要内容	能用列小标题概括各部分的内容，把每个部分的主要意思连起来，通顺地说出长文章的主要内容	能用多种方法列小标题概括各部分的内容，把每个部分的主要意思连起来，通顺说出长文章的主要内容
			五上 3 了解课文内容，创造性地复述故事	能用较快速度默读了解课文内容，能转变角色、变换情节顺序创造性复述	能用较快速度默读了解课文内容，能转变角色、变换情节顺序创造性复述，能展开想象，丰富故事情节、细节，把简略的地方讲具体	能用较快速度默读了解课文内容，能转变角色、变换情节顺序创造性复述，能展开合理的想象，丰富故事情节、细节，把简略的地方讲具体、讲生动

任务群	教学提示	核心素养	单元要素	学业质量水平		
				合格	良好	优秀
			五下6了解人物的思维过程，加深对课文内容的理解	能了解课文主要内容，能初步把握故事中的关键信息、借助图示，推想人物的思维过程	能了解课文主要内容，能把握故事中的关键信息、借助图示，推想人物的思维过程，梳理解决问题的思路：先分析当时的情况，再选择合适的办法去解决	能了解课文主要内容，能把握故事中的关键信息、借助图示，推想人物的思维过程，梳理解决问题的思路：先分析当时的情况，再选择合适的办法去解决；并尝试在生活中运用
			六上6抓住关键句，把握文章的主要观点	能找出文中关键语句，把握文章主要观点	能找出文中关键语句，把握文章主要观点，并结合课文内容，说出课文怎样得出最后结论	能准确找出文中关键语句，把握文章主要观点，并结合课文内容，说清楚课文怎样得出最后结论

第四章

体会类"要素导向"的设计与实践

文学是人学，文学是主情的。正如文学理论家刘勰在《文心雕龙》所说"缀文者情动而辞发，观文者披文以入情，沿波讨源，虽幽必显"。文、波是文辞；情、源是情感主旨。作家创作总是由内而外，由客观现实的感发而产生内在的情态，再通过辞章表达出来；而读者通过文辞了解作者所要表达的感情，沿着文辞找到文章的源头，即使是深幽的意思也会显现，被人所理解。叶圣陶先生曾说："读者若不能透彻地了解语言文字的意义和情味，那就只能看见徒有迹象的死板的符号，怎能接近作者的旨趣呢?"可见，"批文入情""沿波讨源""体会情感"是语文学习的"钥匙"。

第一节　导教：体会类要素的教学解读

在《课程标准（2022年版）》总目标的第二条、第五条、第八条，对感受语言文字、感悟思想内涵、丰富情感体验等方面提出了要求，"感受语言文字及作品的独特价值""初步鉴赏文学作品""感受语言文字的美，感悟作品的思想内涵和艺术家价值，能结合自己的经验，理解、欣赏和初步评价语言文字作品，丰富自己的情感体验和精神世界"。因此，可以整理出体会类语文要素大概念。针对文学作品的语言和形象、情感思想和艺术价值等内容，进行感受、感悟、理解、欣赏、评价等阅读与鉴赏活动，与之相关的语文要素为体会类语文要素。我们从考试评价、认知过程、学业质量三个维度解读概念含义，解析能力进阶，明确评价标准，发挥体会类语文要素的导教作用。

一、从素养本位，解读"体会"的定义内涵

1. 从考试命题的指向解构"体会"的关键要素。

《课程标准（2022 年版）》的"学业水平考试"，《高中课程标准（2020 年修订）》的"学业水平考试与高考命题建议"，对体会类语文要素的命题要求、指向，如下表 4－1。

表 4－1　体会类语文要素命题要求或指向

义务教育命题要求	普通高中命题指向
文学体验情境：侧重强调学生在文学作品阅读中体验丰富的情感，强调参与当代文化生活，关注学生对社会主义先进文化、革命文化、中华优秀传统文化的体认。	"阅读与鉴赏"：侧重考查……理解阐释、推断探究、赏析评价等内容。
"阅读与鉴赏"：考查学生对作品思想内容……表现手法、语言风格的理解和把握，引导学生对作品的创作动机、表达效果作出合理的评价。	"梳理与探究"：侧重考查……解决问题、发现创新等内容。

义务教育阶段"体会"类语文要素的命题，主要通过营造"文学体验"情境，在阅读与鉴赏实践活动中，测查学生"文化自信""语言运用""思维能力""审美创造"核心素养的发展水平，重点考查学生联系文本，理解和把握作品的思想内容、表现手法、语言风格，合理地分析、评价作品的创作动机、表达效果；普通高中命题指向，通过"阅读与鉴赏"重点考查理解阐释、推断探究、赏析评价等内容，"梳理与探究"侧重考查解决问题，发现创新等内容。

从命题的要求和指向的描述中，我们关注了"文学体验情境""阅读与鉴赏"关键词。二者都强调在文学鉴赏活动中表现的能力，这也是

《课程标准（2022年版）》总目标第五条提出的"初步鉴赏文学作品"。文学鉴赏是学生阅读文学作品时的一种审美认识活动，以表达与交流、梳理与探究等实践活动为载体，在阅读与鉴赏中，基于已有的阅读经验对作品的语言文字、艺术形象、情感主旨、艺术形式等，进行理解阐释、推断探究、赏析评价；并且在表达与交流活动中积极参加讨论，描绘与表现自己的文学体验，还能在梳理与探究实践中，进行比较与抽象、发现与再造，促进阅读由感性体验走向理性认识，建构新体验、形成新思考。

与之对应的"文学鉴赏能力"的关键要素为理解阐释、推断探究、赏析评价、描绘与表现、比较与抽象、发现与再造。它们的内涵如下：

理解阐释，学生能进入文本意义的情境，解释具体词句的内涵和作用，阐释文字背后的意义，能发现问题，并用自己的方式解释问题形成的原因。

推断探究，学生能借助文本的信息或资料理解文本的部分意义，判断某种观点；学生能利用文本信息进行合理推断或完成复杂文本的探究过程，形成合理的观点。

赏析评价，学生能超越文本，结合自身经历和体验欣赏文本，能客观地审视、思考文本的思想内容，评价文本的表现形式。

描绘与表现，在表达与交流阅读感受时，学生能用语言描述文本中形象的整体状况和局部细节，并表现出自己的感受、认识与思考。

比较与抽象，学生在梳理与探究中，能对比同类语言现象或语言材料，发现和概括其共同和不同之处，能按照要求梳理和整理自己的阅读启示和收获，从感性体验走向理性认识。

发现与再造，学生能发现文本语言与现实生活的联系，能概括表述自己的发现，将运用发现完成新的阅读与鉴赏的实践活动，并在此基础上建构新体验、形成新思考。

这样，我们理解了义务教育阶段到高中阶段语文课程学业质量的要

指向语文要素的教学与实践

求，明确了体会类语文要素的关键要素及其内涵。这些关键要素，在阅读鉴赏过程中，可以观察、测评的行为表现。关注这些过程性表现，能考查文学阅读体验和创意表达的能力。

2. 从认知过程的维度分析"体会"的进阶序列。

我们以《布卢姆教育目标分类学（修订版）》为学术框架，抓住阅读与鉴赏活动关键行为动词。阅读与鉴赏认知活动，经历的认知过程为理解—分析—评价—创造。根据布卢姆的认知过程维度表，比照认知过程的同义词和定义，我们确定体会类相关认知活动类型，"解释""描述""概括""推断""比较"对应"理解"，"归因"对应"分析"，"评论"对应"评价"，"建构"对应"创造"。由此，梳理与体会相关的认知过程和思维能力的内涵，如下表。

表4—2　"体会"相关的认知过程维度

动词	类别及过程	同义词	定义
解释	2.1 理解—解释	描述	将信息从一种表现形式转变为另一种形式
总结	2.4 理解—总结	归纳、概括	概括总主题或要点
推断	2.5 理解—推断	预测、断定	从呈现的信息中提取合乎逻辑的结论
比较	2.6 理解—比较	对比、对应	发现两种观点、两个对象的对应关系
归因	4.3 分析—归因	解构	确定材料背后的观点、倾向、价值
评论	5.2 评价—评论	判断	基于准则和标准做出判断
创造	6.3 创造—生成	建构	将要素组成新的模型或结构

从上表可知，阅读能力体系中"文学鉴赏"能力的进阶序列，按由低级到高级的进阶序列，经历理解—分析—评价—创造的层级，具体为理解词句内涵和作用—推断探究情感思想—赏析评价形式主旨—表达交流阅读体验。这也是学生在阅读与鉴赏实践活动中由表及里、从感性体验走向理性认识的活动。第一层次指向感悟作品，第二层次指向结合自

身经验进行加工，第三层次指向阅读与思维的高阶层次评价，第四层次指向用语言表达自己的审美体验和审美鉴赏。

3. 从学业质量描述确定"体会"的评价标准。

我们继续梳理《课程标准（2022 年版）》及《高中课程标准（2020 年修订）》"学业质量"部分中有关"文学鉴赏"能力水平和关键品质。《高中课程标准（2020 年修订）》"文学鉴赏力"重要归属于"审美鉴赏与创造""文化传承与理解"两个维度的核心素养，学业水平主要在每级水平的第二、第三项要求，其中水平一、二对应必修课程的学习要求，水平二是高中毕业达到合格学业水平的要求，序号标识为1－3、1－4、2－3、2－4。《课程标准（2022 年版）》"体会"能力的关键表现，主要在阅读与鉴赏、梳理与探究两项语文实践活动描述应达到的水平。我们梳理两个阶段的课程标准对"文学鉴赏力"的学业质量描述如下表 4－3。

表 4－3　"文学鉴赏力"的学业质量描述

学段水平	学业质量描述
第一学段	注意用语气、语调和节奏表现对文本的理解和感受；参加文学体验活动，能表达自己的体验、感受和发现，愿意用文字、图画等方式记录见闻、想法
第二学段	在阅读过程中能结合关键词句解释作品中人物的行为，从某个角度分析和评价人物；能借助上下文语境，说出关键语句、标点符号、图表在表达中的作用；乐于参与读书交流活动，能诵读学过的优秀诗文，尝试用不同的语气、语调表达自己的理解与感受。能用自己喜欢的形式记录阅读感受……参加文学体验活动能表达自己的感受

学段水平	学业质量描述
第三学段	能品味作品中重要的语句和富有表现力的语言，注意词语的感情色彩，通过圈点、批注等多种方法记录自己的阅读感受和体验，主动与他人分享；能通过诵读、改写、表演等方式，表达自己对感人情境和形象的理解与审美体验；能借助与文本相关的材料，结合作品关键语句评价文本中的主要事件和人物，提出自己的观点或看法；能与他人分享阅读作品获得的有益启示。在阅读过程中，结合具体内容或时代背景丰富对作品内涵的理解；参加文学体验活动，能够结合学习积累和经验，初步形成自己的理解和认识
第四学段	能从多角度揣摩、品味经典作品中的重要词句和富有表现力的语言，通过圈点、批注等多种方法呈现对作品中语言、形象、情感、主题的理解。能分析作品表现手法的作用；能从作品中找出值得借鉴的地方，对照他人的语言表达反思自己的语言实践；能与他人分享自己获得的对自然、社会、人生的有益启示。参加文学体验活动，能概括提炼他人解决问题的方法与策略，用以解决自己的问题；能记录探究过程，并汇集学习成果
高中水平 1	1－3 有欣赏文学作品的兴趣，能整体感受作品中的形象，把握作品的思想观点和情感倾向；能运用口头语言和书面语言传达自己对作品的感受和理解。在文学鉴赏中，有正确的价值观
高中水平 1	1－4 能通过阅读文学作品，扩展自己的视野，丰富自己的人生体验，感受和理解不同时代和地区的文化
高中水平 2	2－3 喜欢欣赏文学作品，能整体感受作品的语言、形象和情感，展开合理的联想想象；能对作品的内容和形式作出自己的评价。在文学鉴赏中，有正确的价值观，有追求高尚审美情趣和审美品位的意愿
高中水平 2	2－4 能主动梳理和探究语言材料中蕴含的中国传统文化内容。能理解各类作品中涉及的文化现象和观念，能理解和包容不同的文化观念

以上学业质量描述不同的水平，刻画了学生在文学阅读与创意表达学习任务群的学习活动中，表现出来的参与程度、思维特征、沟通合作、解决问题、记录学习过程、呈现学习成果的水平，反映了各学段"体会"能力的学业质量标准和水平。

从考试命题的指向、认知过程的维度、学业质量的描述三方面界定体会类语文要素的内涵。体会类语文要素主要指学生在阅读时，能在文本意义的情境中解释具体词句的内涵和作用，能结合自身经历和生命体验欣赏文本，客观地审视、思考文本的思想内容，评价文本的表现形式；在文学鉴赏中，有正确的价值观；参加文学体验活动，能够结合学习积累和经验，形成自己的理解和认识。明晰了体会类语文要素的内涵、组成要素、能力层次以及学业标准，促进"教—学—评"的一致性。

二、梳理要素图谱，厘清"体会"的教学关键

（一）体会类要素的知识地图

从要素类别、单元分布、学段及次数、程度及次数等维度统计、分析各类语文要素的学习安排，绘制体会类语文要素的全景图谱表4－4，显现语文要素实施落地的地图。

1. 比较异同，进行要素分类。

统编教科书在多个单元的语文要素安排了相关学习。体会文章主旨类大概念语文要素的学习主要分布在第二、第三学段的23个单元中，将每个单元的语文要素的行为动词和对象进行归类，如"感受……语言""体会……心情"等。将24项语文要素分为感受语言、理解形象（事物形象、人物形象）、体会思想感情、领悟表达方法四大类。

理解形象类语文要素的分类，是基于三下1、四上1、六上1、六上7，四个单元的语文要素与阅读想象有关，一边读一边想象画面、从内容想开去、借助文字展开想象，想象景物、事物的情境，我们将之归类为"理解事物形象"；而四上6、四下7、五下4、六下4，四个单元的

语文要素都是有关理解人物形象的，将之归属于"理解人物形象"。体会类语文要素的学习单元数量众多，不宜以结构图的方式呈现，所以我们以表格的方式呈现，见下表4—4。

表4—4　体会类语文要素的全景图谱

要素类型	能力指向	体会类语文要素单元分布	学段/次数	水平/次数
感受语言	语言感受力	三上1关注有新鲜感的词语和句子；三上7感受课文生动的语言，积累喜欢的语句；三下1要素2体会优美生动语句；五下8感受课文风趣的语言	第二学段3第三学段1	关注1感受2体会1
理解形象	景物事物形象理解力	三下1要素1试着一边读一边想象画面；四上1边读边想象画面，感受自然之美；六上1从阅读的内容想开去；六上7借助语言文字展开想象，体会艺术之美	第二学段2第三学段2	感受1体会1
	人物形象理解力	四上6要素2通过人物的动作、语言、神态体会人物的心情；四下7从人物的语言、动作等描写中感受人物的品质；五下4通过课文中动作、语言、神态的描写，体会人物的内心；六下4要素1关注外貌、神态、言行的描写，体会人物品质；查阅相关资料，加深对课文的理解	第二学段2第三学段2	感受1体会3

要素类型	能力指向	体会类语文要素单元分布	学段/次数	水平/次数
体会主旨	主旨体会力	四下1抓住关键语句，初步体会课文表达的思想感情；五上4结合资料，体会课文表达的思想感情；五上6体会作者描写的场景、细节中蕴含的感情；五下1体会课文表达的思想感情；六上8借助相关资料，理解课文的主要内容	第二学段1 第三学段4	理解1 体会4
领悟表达方法	表达领悟力	四上3体会文章准确生动的表达，感受作者连续细致的观察；四下4体会作家是如何表达对动物的感情的；五上1初步了解课文借助具体事物抒发感情的方法；五上7初步体会课文中的静态描写和动态描写；五下7体会静态描写和动态描写的表达效果；六上2了解文章是怎样点面结合写场面的；六下5体会文章是怎样用具体事例说明观点的	第二学段2 第三学段5	了解2 感受1 体会5

2. 统计频次，确定学段重点。

表4-4体会类语文要素的全景图谱，呈现了各种类型语文要素在学段安排的频次。对其进行分析，我们能把握各个学段阅读教学的重点。例如，感受语言：第二学段3次，第三学段1次；理解形象：第二学段2次，第三学段2次；体会主旨：第二学段1次，第三学段3次；领悟表达方法：第二学段2次，第三学段5次。可见第二学段阅读教学的重点是感受语言和理解形象，审美鉴赏力的发展指向语言感受力、形象理解力；第三学段阅读教学的重点是体会主旨和领悟表达方法，审美鉴赏力的发展指向主旨体会力、表达领悟力。

（二）体会类要素的教学解读

要在教学中精准地落实语文要素，我们还需把握四种体会类语文要素的内涵是什么？与之关联的内容有哪些？怎样以体会类要素为导向，确定单元教学目标与教学内容？接下来，我们作简要的分析。

1. 体会类语文要素概念分析。

（1）要素目标程度分析

研读体会类语文要素，我们发现一些词语不断复现，例如：关注 1 次、了解 2 次、感受 6 次、理解 2 次、体会 16 次。语文要素是统编教科书落实课程目标的抓手，它们在《课程标准（2022 年版）》课程目标中也多次出现。体会类语文要素大多属于程序性知识，就需理解与之相关的概念性知识，什么是了解，什么是感受，什么是理解，什么是体会；并且把握了解到什么程度，感受到什么的程度，理解到什么程度，体会到什么程度；以及厘清这些概念的异同。

《义务教育数学课程标准（2011 年版）》在附录部分对目标的行为动词进行定义，2022 年版进行了修订，这对确定教学目标、精准施教意义重大。《义务教育语文课程标准（2022 年版）》未对以上问题进行说明，在教学中，我们参照这样的方法，结合查现代汉语词典、学段要求、布卢姆教育目标分类的定义，系统分析体会类语文要素中的关键概念。

关注，注意、关心重视；关注新鲜感的词语、句子指在阅读中用眼睛发现、筛选有新鲜感的词语、句子，运用多种方法理解其意思，并丰富自己的语言积累。

了解，知道，初步认识，是最低水平的认知学习结果。是从具体事例中知道或举例说明对象的有关特征，根据对象的特征，从具体情境中辨认或举例说明对象。例如，六上第二单元"了解文章是怎样点面结合写场面的"。分两步教学：第一步，聚焦课文第 2 自然段，了解怎样通过"人物群像和每位英雄的个体刻画"点面结合写场面的；第二步，找一找课文其他使用点面结合的方法的片段，并举例说明是怎样写的。设计三个学习环节，引导学生从具体语段第 2 自然段中，知道"点面结合"。首先，学生阅读并发现"哪些是群像描写，哪些是个体描摹"；接着，经过阅读、交流知道这一段先整体描写五位战士痛击敌人的情形，也就是"面"的描写，再分别写每位战士的表现，这是"点"的描写；最后，学生结合具体语句说课文是怎么把每个战士的表现写具体的。

感受，是在了解文字意思的基础上，进一步接触语言文字及作品获得感性认识，受到影响。例如三上第七单元第 21 课《大自然的声音》，学生关注课文中描写声音的词语"轻轻柔柔的呢喃细语""雄伟的乐曲""充满力量的声音"；联系生活经验理解意思，回忆并说说"在哪里听到过这样的风声，它们带来怎样的感觉"；再听音频，展开想象"风在和谁说话，它在说什么"，让学生感受到这些描写声音的词语，形象生动地描写了大自然不同风声的特点和感情。

理解，又进了一步，不仅有了感受，还进入文本意义的情境，描述对象的由来、内涵、特征、作用，能发现问题，并用自己的方式解释问题形成的原因。例如，六上第八单元"借助相关资料，理解课文主要内容"。

体会，即体验。是有目的地参与语文实践活动，验证对象的特征，获得一些具体经验。例如，五上第四单元"结合资料，体会课文表达的思想感情"，学生根据学习的需要有目的地查找资料、使用资料，从而获得针对理解困惑需要解决处、课文简略需要扩充处、情感体验需要加深处，怎样结合资料更深入地理解课文内容、体会课文思想感情的经验。

（2）要素学习内容分析

我们依次从感受语言、理解形象、体会情感、领悟写法四个方面，分析体会类语文要素的学习内容，将语文要素具象、细化。

其一，感受语言包括哪些内容？通过表 4－4 能明确语文内容包括新鲜感的词语和句子、课文生动的语言、优美生动语句、课文风趣的语言。从词语、句子—语句—语言，提示了学习内容范围逐步扩大，从部分词语或句子到语句，再扩大到课文全文的语言。

什么是新鲜感的词语和句子？新鲜的意思是稀罕的、新奇的；新鲜感的词语和句子，有的是第一次读时觉得陌生的语句，有的是超出读者已有认知经验不理解的词语句子，还有的是遣词造句上别具一格的词语和句子，比如运用恰当的修辞手法、说法想法与众不同、引发读者想象、带给读者审美感受的词语和句子。

什么是生动的语句、优美生动的语句、课文风趣的语言？生动，是具有活力、能感动人的。生动的语句，就是具有活力能感动人的词语、句子。优美生动的语言，就是美好、具有活力，能感动人的词语、句子。风趣，幽默或诙谐的趣味。课文风趣的语言是课文中具有风趣或诙谐趣味的语言。

其二，理解哪些文学形象？写景状物类文学作品的情境，我们称之为事物、景物的形象；依此类推，写人叙事类文学作品的人物，称之为人物形象。研读理解形象类的语文要素，我们发现表达方式大多为"通过……感受……""借助……体会……"包含提示学习方法、学习内容、学习目标三个重要信息。

我们先分析"景物事物形象理解力"。联结四个单元的语文要素来看，第二学段提出"一边读一边想象画面"，这是理解作品情境的阅读方法，从心理学的角度来说，想象画面是联想的过程，边读边想象画面，不是任意地想、胡思乱想，而是需要依据文本语境，联结学生的生活情境，精准地丰富联想，发展形象思维；第三学段提出"从阅读的内容想开去、借助语言文字展开想象"，对文本的关注由主要内容转向具体语言文字，根据词句想象文字描述的画面，体会表达的生动形象，进一步感受、体会、联想自然景物中蕴含的情感与哲理，整合了感受语言、理解形象、体会情感和领悟写法。

再来看看"人物形象理解力"。比较表 4－4 中四个单元的语文要素，学习方法主要为通过人物的动作、语言、神态等描写理解人物形象，学习的内容由体会人物的心情—感受人物的品质—体会人物的内心—体会人物品质—加深对课文的理解（课文主旨），逐步由表及里、由点到面地从理解人物形象的品质到六年级下册第四单元借助资料深入理解内容、课文主旨。

其三，体会哪些文章主旨？在相应的五个单元学习中，学习的内容为课文的思想感情，什么是课文的思想感情？即作品的情感和思想内涵，例如，《课程标准（2022 年版）》在"文学阅读与创意表达"第三学段的学段要求提出"阅读、欣赏革命领袖、革命先烈创作的文学作品，以及表现他们事迹的诗歌、小说、影视作品等，感受革命领袖、革命先烈伟大的精神世界和人格力量，认识生命的价值；阅读表现人与自然的诗歌、散文等优秀文学作品，感受大自然的奇妙，体会人与自然和谐相处的意义"。

其四，领悟哪些表达方法？统编教科书重视表达，在阅读学习中同步推进读写能力的发展。在领悟表达方法的学习内容的安排上具有以下两大特点：

循序渐进。从四年级上册第三单元学习语言的表达、观察的方法态度到四下第四单元表达对动物情感的方法、五上第一单元借助事物抒情的方法、六下第五单元用具体事例说明观点，由浅入深地从遣词造句到表情达意，再是五上第七单元、五下第七单元、六上第二单元精细地学习三种表达方法。

前后联结。学段读写能力前后同步发展，在阅读中学习表达的语文要素学习安排了七次，都是先学习相关阅读方法，再穿插学习对应表达方法，例如，经过三年级 3 次语言感受力以及四年级 2 次景物事物形象理解力的学习后，四上第 3 单元学习"体会文章准确生动的表达，感受作者连续细致的观察"，这既总结了之前的语言感受力，也提升了表达能力。

2. 语文要素单元解读。

结合《课程标准（2022 年版）》提出的学段要求，以及统编教科书语文要素安排的学习重点。我们选取三下第一单元、四下第四单元、五上第六单元三个典型单元为例，利用表 4－4 全景图谱，比较各年级、册次、单元安排的语文要素内容，分析、梳理、确定要素学习的起点、重点、难点，准确把握体会类语文要素的教学关键。

（1）感受语言、理解形象类要素的教学解读

我们选择三下第一单元作为样本，本单元的语文要素是学习感受语言、理解形象的两类语文要素，我们就先以这一单元作为中年级的样例。

本单元学习的第一个语文要素是"试着一边读一边想象画面"，在此之前学生已在二上和三上学习了诵读古诗展开想象，在二下第二单元学习了"读句子，想画面"以及三上课后练习题"一边读一边想象课文描写的画面"。这些"读句子""读诗句"想象画面的方法，可以迁移、运用到本单元的"读文章"想画面的学习中。本单元的第二个语文要素是"体会优美生动的语句"，学习起点是三上"关注有新鲜感的词语和句子""感受课文生动的语言"。分析要素的关键行为动词，可知本单元学习的关键是"体会"，即从"关注—感受—体会"，进一步提升学生的语言感受力。

根据要素地图，我们能发现本单元的第一个要素与之前已学、之后将学相比，差异在于由"读句子"想象向"读文章"想象提升，也为后续学习用边读边想象画面的方法阅读写景状物的文章，感受自然之美做好准备。因此，怎样试着读文章想画面，是本课学习的重点、难点。

我们可以在本单元第一篇精读课文《古诗三首》学习中，首先，圈出诗中描写的景物，联系生活把握景物特点；接着，在理解诗意的基础上，边读边想象这些景物组成了怎样的画面，将凝练的文字转化成有声

有色、动静相宜的画面；最后，用自己的话说一说脑海中的景象。

第二篇精读课文《燕子》文质兼美，一段话一画面。可以引导学生抓住关键词梳理画面，整体感知课文景物的形象；接着逐段学习，边读边想象，引导抓住关键词，借助插图，想象事物特点，想象画面，再尝试说出自己想象到的画面；同时运用想画面、换词比较、多形式朗读等方法，体会优美生动的词语，摘抄积累优美词句。

第三篇精读课文《荷花》继续围绕单元的两个语文要素展开教学。充分调动学生生活经验，通过朗读、想象画面感受荷花姿态美；通过配乐朗读、情境描述、动作表演等来感受想象化身荷花的乐趣，展开交流，进一步体会这池荷花"是一大幅活的画"。

略读课文《昆虫备忘录》，作家汪曾祺诙谐有趣地描写了昆虫的外形、习性、活动等。引导学生迁移运用单元要素，自主学习，体会优美的文字，想象生动的形象。朗读、感受课文富有画面感的语言；朗读、体会栩栩如生的外形描写，细致入微的动作描写，趣味十足的拟声词。

（2）体会主旨、领悟表达类要素的教学解读

我们选取了四下第四单元解读，这也是一个有意思的学习单元，单元要素与体会感情和领悟表达方法类都有关联，我们也选择它作为样例。此外，还选择了五上第六单元为例来分析高年级如何体会作者描写的场景、细节中蕴含的感情，初步领悟文章的表达方法。

四下第四单元的语文要素为"体会作家是如何表达对动物的感情的"，本单元由学习阅读方法转向领悟表达方法。

这一要素中"体会作家的感情"指向阅读素养，表4－4全景图直观呈现了与之有关的语文要素的单元为四上第三单元、四下第一单元。四下第一单元"抓住关键语句，初步体会课文表达的思想感情""抓住关键语句，初步体会"，这都是本单元学习的起点，可以迁移到领悟表达方法；在领悟表达方法类要素中，经过四上第三单元"体会文章准确生动的表达，感受作者连续细致的观察"学习，学生已有从准确生动的

表达中感受细致观察的重要性的学习经历，以及借助教材编排的与主题有关的"资料袋"和"阅读链接"学习的方法。

与之前的学习相比，四下第四单元学习的重点、难点是什么呢？在体会主旨方面，通过比较前后相关单元要素的行为动词，本单元的要求"体会"，是对已学的"初步体会"进行提升，我们要把握好目标的度。初步体会是起步，基于单元选文内容符合学生认知，便于学生理解想象，表达的情感比较明显。教学重在引导学生找出关键语句，在理解全文的基础上，联系上下文语境理解关键语句的含义，与同学交流自己的阅读体验，在阅读、理解、感受、思考、交流的实践中逐步理解关键语句，走进文章的思想感情。

体会是基于初步体会的学习经验、学习方法，提高了要求，本次学习要抓住具体实例，体会动物的特点，抓住具体事例需要学生理解、概括事例，结合具体语句，在生活化的场景和语言中体会动物的特点，感受人与动物和谐美好的情境，与同学交流表达自己的阅读体会。不仅要体会文章表达的思想感情，还要关注作家是如何表达的，通过教材课后练习、阅读链接，比较同一作家写不同动物在表达上的异同之处，比较不同作家同题材的作品，体会文章表达方法的异同，突破单元学习的重点、难点，进一步落实单元语文要素。

五上第六单元是学习语文要素"体会作者描写的场景、细节中蕴含的感情"，这是在四下第一单元、五上第四单元"抓住关键语句""结合资料"等方法体会课文思想感情基础上，学习从场景、细节描写体会感情；此外，已经学习的理解人物形象类要素中，四上第六单元、四下第七单元的语文要素，通过人物的动作、语言、神态体会人物的心情、感受人物的品质的方法，也是本单元学习的起点。

关联前后要素，本单元学习的重点、难点在于品读作者描写场景、细节来体会作者的情感。这也是从作者表达方法，体会文章情感的学习中需要整体感知，联系课文多个场景以及动作、神态、心理等细节描写来体会情感，结合自己与父母相处的生活小事，交流感受父母和子女之间的爱。

要素导向教学，我们从纵向厘清体会类要素四种要素内部关系，把握知识、能力、方法的进阶，确定学习的关键，准确把握学习程度；横向关注体会类要素，感受语言、理解形象、体会情感、领悟表达四种要素之间的联系，聚合、统整、融合要素的知识、方法、能力，进一步提升阅读素养。

三、把握要素指向，制定"体会"的教学目标

1. 双线定位单元核心目标。

体会类要素主要在阅读与鉴赏语文实践活动中学习，以文学阅读与创意表达任务群为课程内容，能整体落实核心素养的四个方面，对审美创造和语言运用两个方面有突出的价值。用系统思维立足于单元整体，把握语文要素与语文核心素养的联系，在其上位的课程总目标、学段要求的统领下，在单元中整体设计单元学习目标。

以三下第一单元为例，本单元围绕"可爱的生灵"人文主题，编排了三首古诗和三篇散文，呈现了古代诗人眼中的春夏景象，还描绘了活泼可爱的燕子、犹如"一大幅活的画"的荷花、独特有趣的昆虫，从不同角度展现了大自然生灵的可爱与美丽，单元的选文与人文主题和语文要素高度契合。交流平台进一步引导在阅读时关注优美生动的语句。口语交际的话题是"春游去哪儿玩"，引导在讨论中学习清楚地表达自己的想和理由，养成文明交际的习惯。习作要求"试着把观察到的事物写清楚"，借助记录卡写一种植物，教材在《荷花》安排了仿写，"词句段"运用设计仿写的练习，提供了两种描写小动物外形的方式，这些铺垫，降低了习作的难度。因此，我们确定本单元核心目标为：

【阅读与鉴赏】☆试着一边读一边想象画面，简单描述想到的画面，读出对景物的喜爱。

【表达与交流】☆能交流分享自己的阅读感受；☆能向同学推荐春

游值得去的地方，说清楚想法和理由，能耐心听别人把话讲完；☆能借助记录卡，写清楚植物的样子、颜色等，写出自己的感受。

再如，我们从四下第四单元的导语"奔跑，飞舞；驻足，凝望。可爱的动物，我们的朋友"，梳理出人文主题"作家笔下的动物朋友"。选编了老舍的《猫》《母鸡》、丰子恺的《白鹅》，课后的"阅读链接"安排了其他中外名作家写的动物文章或片段；三篇课文的课后练习也提示了通过哪些关键语句体会情感，如大猫古怪、小猫淘气的语句、母鸡"负责、慈爱、勇敢、辛苦"的语句、白鹅"高傲"的语句。教学时可以从这些丰富的文本中选择内容，进行阅读、比较、体会作家表达的对动物的喜爱之情。习作要求"写自己喜欢的动物，试着写出特点"，读写密切联系。由此，拟定单元核心目标为：

【阅读与鉴赏】☆能用前后对比、换词比较、圈画批注、感情朗读等方式体会作家对动物的喜爱之情；

【表达与交流】☆能发现自己熟悉的动物的特点，根据不同的情境，学习作家的表达方法写出对动物的情感。

五上第六单元围绕"舐犊情深"为主题和单元语文要素"体会作者描写的场景、细节中蕴含的感情"，选编了精读课文《慈母情深》《父爱之舟》和略读课文《"精彩极了"和"糟糕透了"》，课文通过对场景、人物细节描写，展现了父母与孩子的真挚情感，品读交流让你印象深刻的场景、细节，能更深入理解主要内容、体会思想感情。习作与阅读紧密关联"用恰当的语言表达自己的看法和感受"。我们拟定单元核心目标为：

【阅读与鉴赏】☆能通过想象场景、借助资料、角色体验等方法，体会场景和细节中蕴含的情感，感受父母与子女之间的爱。

【表达与交流】☆能选择恰当的材料支持自己的观点；给父母写一封信，能用恰当的语言表达自己的看法和感受。

2. 三点细化教学目标和内容。

在单元核心目标的框架下，我们继续借助表2-1教学目标定位器，以语文要素为导向，从学段、单元、篇三个基本点，精准定位并细化教学目标和教学内容。

首先，第二、第三学段仍然要重视识字与写字教学，朗读、默读等是理解课文内容的阅读方法，并且在每课的课后习题中均提出相关要求，因此将识字写字和能正确、流利、有感情地朗读课文，确定单元常规目标。

其次，关注选文的独特语言现象，挖掘有教学价值的学习内容，作为本单元课文学习的难点，确定个性化学习目标：

三下第一单元：【阅读与鉴赏】☆通过想象画面、联系生活经验、换词比较、反复朗读等方式，体会优美生动的词句；【梳理与探究】能梳理、体会本单元课文中的优美生动的语句；加深体会能运用偏旁归类的识字方法认识"语文园地·识字加油站"的生字词。

四下第四单元：【阅读与鉴赏】☆能体会作家如何通过具体事例描述、运用明贬实褒的表达方式和采用拟人、比喻、对比的手法等表达感情的，感受语言的趣味；【梳理与探究】☆交流梳理"明贬实褒"的表达方法，尝试用这种方式表达对事物的喜爱之情。

五上第六单元：【阅读与鉴赏】☆理解题目和句子的含义，体会文中反复出现的词语的表达效果；【梳理与探究】☆交流、总结"体会作者表达的情感"的方法。

关联单元的人文主题，以体会类目标为单元核心教学目标，在学习中，引导学生感受文学语言和表达的独特魅力，获得个性化的审美体验，欣赏和评价文学作品，提高审美品位，表达自己阅读的体验和思考。

第二节　导学：体会类要素的教学设计

基于体会类语文要素导向教学运用，根据布卢姆教育目标分类学的教学理论，我们审视教材练习的教学价值，进行教学设计。接下来，我们以五上第六单元精读课文《父爱之舟》为例，解析练习的起点与重点，联结要素链，优化课前预习；探寻练习的学习逻辑，延展要素链，深化课堂学习；关注练习的迁移应用，强化要素链，活化课后惯习。关注要素与学习目标的关联性，厘清课后练习的发展层次，融合外显的知识与内隐的素养，通过结链、延链、强链，提升语文学习实效。

一、联结练习的"体会"要素链，优化课前预习

通过解析语文要素和练习的认知层级，把握素养发展的重点，定位素养训练的起点，进行要素导向的教学解读和教学设计。

（一）理解语文要素，把握学习的重点

如何理解单元学习的重点呢？根据《布卢姆教育目标分类学（修订版）》的教学理论，笔者研制了认知过程分类图示，用以解析认知过程的类别。修订版的《布鲁姆教育目标分类法》根据认知活动的复杂程度，将认知过程维度分为记忆、理解、应用、分析、评价、创造六个主类别，每个主类别又包含两个或更多具体认知过程，一共有19种。分别见图4－1白色三角形、灰色梯形所示。其中，前三类为低阶思维，后三类属高阶思维。见图4－1白色箭头所示。借助图4－1认知过程分类图示，分析单元语文要素的关键动词，确定与之对应的认知过程维度、认知层级，作为学习的重点。

以统编教科书五年级上册第六单元第19课《父爱之舟》为例，本单元的人文要素为"舐犊情深"。"注意体会场景和细节描写中蕴含的感情"，是针对阅读的语文要素。紧扣其中的关键动词短语"体会……感情"，参照图4－1的认知过程进行分类，属于在"场景和细节描写"的文本情境中，"执行使用""体会情感"的阅读方法。如此，可以确定本单元、本课学习的重点为"应用"。

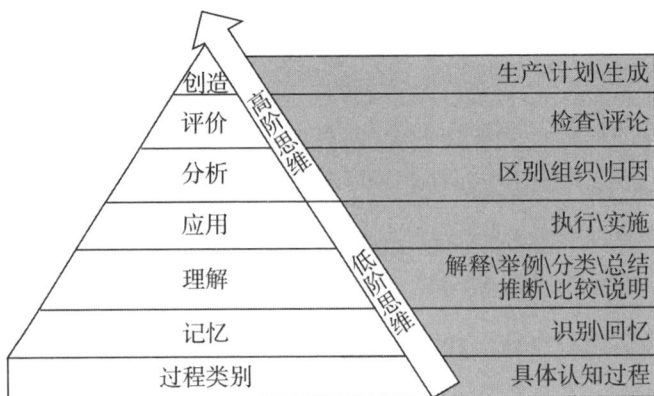

图 4-1　认知过程分类图示

（二）分析练习系统，定位学习的起点

统编教科书的练习系统是语文要素学习的显性体现。它指明教学目标，蕴含教学重点，提示教学路径，是导学、助教的系统。小学语文教科书执行主编陈先云老师提倡"阅读教学应以课后思考和练习题为轴心和目标的教学"。教学中，需要教师关注练习系统，进行教学解读、教学设计，充分发挥其内隐的知识、能力体系的教学运用价值。教学解读，结合学情，分析教材练习的认知过程，定位低阶认知活动为起点，指向学习的重点，从始向终，精准制定教学目标；教学设计，以终为始，从学习的重点，规划预学活动，精确开启学习。

再如，编者在《父爱之舟》的课后练习中安排了三道习题，从不同角度细化单元语文要素，落实学用阅读策略、发展阅读素养的目标。第一题"默读课文，说说我的梦中出现了哪些难忘的场景，哪个场景给你的印象最深"。这道课通过三项活动，落实语文要素：

活动1"说说……哪些场景"，需要学生在把握文章主要内容的基础上，用自己的语言"概括"文中场景，如夜起喂蚕、花钱住店、动心换房等，属于认知活动"理解—概括"维度。较之本课的重点认知"应用"，理解和概括都是更基础的认知活动，是实现重点思维训练的必由之路。

活动2"哪个……印象最深",需要结合文本情境进行更高层次认知活动"比较",属于"理解—比较"维度的认知活动。本课思维发展的重点是"应用",需要"记忆""理解"等思维最近发展区的支撑。由此,设计学习任务一"预学",见下文《父爱之舟》课前学习评价单"。首先,学生通过课前预学前两道题记忆、理解语文基础知识字词音义,为理解课文内容做准备。在预学、交流中,教师引导学生由会意字"桌"的字形字义的关联,猜测字义,进一步发展理解能力。预学活动第3题,活化了课后思考题1的第一项活动,概括梦中出现的难忘场景,为课堂学习重点目标提供支架。学生通过预学单上备注的场景概念,能运用抓住文中关键语句"做什么事"的方式来概括场景;借助提供范例"花钱住店,动心换房",学生进一步理解如何概括场景。这是以学生已具备的能力——"理解、辨别、概括"场景细节描写,作为认知和思维的"起点"。

教师通过解析练习的核心要素,抓准思维"生发点",设计从"记忆"到"理解"的预习路径,优化课前的预习活动;学生循着思维生发链,经历读书、想象、概括的学程,"应用"阅读方法建构与运用语言,助力产生与发展阅读素养。

二、延展练习的"体会"要素链,深化课堂学习

统编教科书构建了系统性、发展性的语文知识与能力体系。教师以"瞻前顾后"的视角,梳理要素、解析练习,串联已知、未知、能知,加强知能的逻辑链;遵循"由浅入深"的认知规律,确定练习的认知维度,发展认知层级链,设计学习实践路径,深化课堂学习。

(一)延伸知识的逻辑链,设计要素导向的学程

《父爱之舟》是本单元的第二篇课文,在单元学习中,主要承担"学读"的任务,即重点学习运用"体会场景和细节描写中蕴含的感情"的阅读方法。本单元语文园地的交流平台提出"阅读时,品味印象深刻的场景、细节,可以帮助我们更好地体会作者的思想感情",但并未总

结"体会作者表达的感情"的具体方法。学习者可以运用哪些已经掌握的阅读方法，体会文中蕴含的情感呢？此时，需要教师瞻前顾后，梳理关于"体会感情"相关的语文要素，按先后顺序排列，延展语文要素的逻辑链，见图4—2。

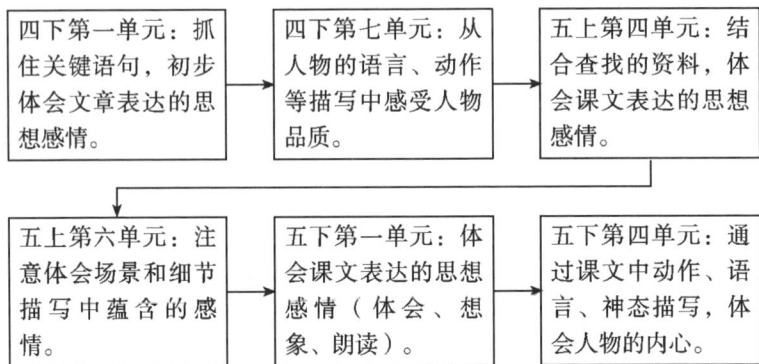

图4—2 "体会感情"的知识逻辑链

语文要素的逻辑链，清晰地呈现学生已学的知识、能力，现在需要学习的和未来将要学习的知识、能力。分析知识逻辑链发现可以用抓细节描写、结合背景、展开想象、感情朗读四种方法，体会场景和细节描写中蕴含的感情。

遵循"由易到难"的认知规律，运用"合作、自主、探究"三种学习方式，开展课堂学习活动。借助合作学习单—自主学习单—探究学习单，学生经历阅读、体会、想象、交流的学习路径，运用"体会情感四法"，或倡导读中想象，或建议圈画批注关键语句，或引导交流体会，或指引感情朗读（图4—3），运用阅读策略，经历"理解—应用—分析"的能力发展学程。

一、合作学习单	二、自主学习单	三、探究学习单
学习任务：默读"换房"场景，说印象深刻细节。 学习路径：1. 读中想象，圈画感触深的语句，批注体会；2. 小组汇报。	学习任务：体会"摇橹"场景蕴含的感情。 学习路径：1. 画关键词句，读中想象，批注体会；2. 交流体会。	学习任务：探究"缝补"场景蕴含的感情。 学习路径：1. 画关键句，作批注；2. 展开想象，感情朗读。

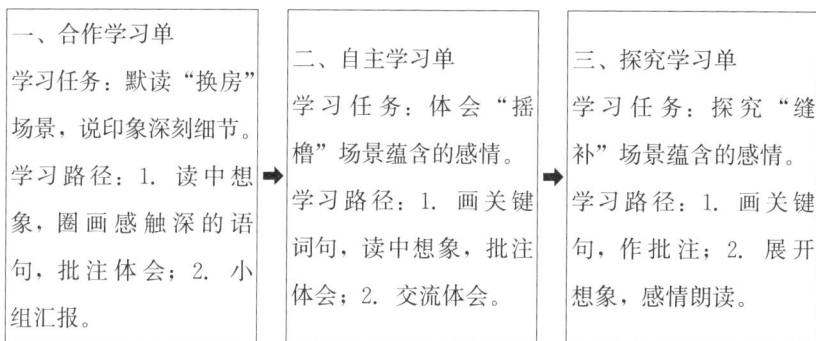

图 4-3 "体会感情"的要素导向学程

（二）发展思维的层级链，培养高阶思维

利用练习具有思维含量的阅读实践、语言实践，厘清低阶至高阶发展的顺序，引导学生不断经历从记忆走向应用，从分析迈向创造的思维活动，实现低阶思维向高阶思维跃升的层级链。《父爱之舟》课后第 2 道、第 3 道习题"读下面的句子，回答括号里的问题""课文为什么以'父爱之舟'为题？从课文中找出相关内容说说你的理解"。两项的语言和思维训练，是基于习题 1 的"理解"层级的认知活动，即在阅读交流印象深刻的场景、细节中，理解文章内容、初步体会情感。习题 2 的两道题，训练从藏着浓厚情感的语句中体会情感，理解、分析文中语句的表达效果。习题 3，评价表达方法，需要评价层级的认知参与。

如此，我们明晰了课后练习蕴含的阅读素养发展的路线图：感受作者描写的场景、细节给人难忘印象—体会场景、细节中蕴含的父子情深—学习怎样从场景、细节描写中体会文章情感的阅读策略。以此为参考，进行融合多项能力的整体化的板块学习"谈话揭题，由词入境—交流预学，梳理场景—关注场景，体会父爱—再读课题，深悟感情"；勾连从低至高的阅读素养层级链，反复实践"理解—分析—评价"的阅读实践，发展阅读素养。

三、加强练习的"体会"要素链，活化学后惯习

法国社会学家皮埃尔·布迪厄（Pierre Bourdieu）提出"惯习是持

续的、可转换的倾向系统，它把过去的经验综合起来，每时每刻都作为知觉、欣赏和评价的母体发挥作用，依靠对各种框架的类比性的转换"。理论研究表明，惯习有助于知识的迁移应用，有助于阅读素养的发展提升。学习的根本目的是促进学习者主动、有效地迁移，将已学迁移到新情境，应用所学，解决新问题、真问题。学习者的知识、技能转化为智力、能力，离不开正向迁移应用。教学中，需充分发挥习题的迁移运用价值，强化练习的要素链，活化学生的课后惯习，发展阅读能力。

（一）知能内化，促进化知为能

教材的编者努力借助练习的具体任务，促进学生将所学内容进行积累、思考、迁移，将经验应用到同类问题中；教师可以借助课后练习，类化形成学习策略，构建学生将知识向能力转化的学习路径。本单元三篇选文《慈母情深》《父爱之舟》《"精彩极了"和"糟糕透了"》，均为叙事类散文。三位作者都在叙事中，抒写了自己的所见所感，分享了自己的启示、哲思。

因此，关注场景、细节体会情感，不失为叙事类散文的阅读策略。教师可以利用教材练习，展开类化学习，也就是将《父爱之舟》选文作为叙事散文类的文体的样例和模型来理解。一方面，促使学生触类旁通，提炼阅读方法，突出阅读叙事类散文的系统性，提高阅读素养；另一方面，促进语文知识、技能，在不同的语文情境中，在不同的问题解决过程中，灵活地、流畅地、创造性地应用，实现知识、能力内化，提升阅读品质。

解读文本，可以发现，作者吴冠中先生以"三线"展开《父爱之舟》的行文。主线为父爱的难忘场景，"我"的感激之情为副线，暗线则为小舟。有效练习、学后惯习，可紧扣三线，展开从学到练、由练到习的类化过程：

首先，以主线为轴概括难忘场景，把握主要内容；再紧扣主线，学习运用"关注难忘的场景中父亲的动作、神态等细节描写，体会父爱"

的阅读方法。

接着，利用课后习题2，引导学生进行类化，揭示不同学习情景中的共同要素，这两句话都是对"我"所感、所思的细节描写，试着转换视角，关注文中"我"的细节描写，这是迁移运用所学的阅读方法，从中体会"我"对父亲的爱，再整合副线，继续从全文中，从我的心理描写细节中，体会我对父亲怀念的情感。

最后，散文形散神聚，诸多场景，是如何串起来呢？循着第三条线索，关注暗线内容，借助思考课后习题3，理解、分析、评价表达，体会小舟是承载无微不至的父爱之舟，也是渡我考学、求学的人生之舟，更是对我寄予期望的希望之舟。

这样的篇内迁移学习，使学生经历"学—练—用"的学程，构建思维场，类化阅读策略，发展高阶思维；学后惯习，沉浸思维场，习得阅读能力，提升思维品质。

（二）多元迁移，促进化能为用

1. 读写迁移，练表达，习思维。

本单元的习作要素为"用恰当的语言表达自己的看法和感受"，习作属于创造层级的高阶认知活动。怎样从理解—分析—创造的思维活动，实现读写迁移？本单元的主题与五年级学生的生活密切关联，教材练习也努力联结学习者的生活场景和细节。语文园地"词句段运用"的第三题练习"读下面的句子，想想在你的成长中有没有类似的'第一次'试着写一段话"，就是基于链接生活，读写迁移的设计。

运用这项练习，设计《父爱之舟》第五板块的学习活动，化能为用。首先，范例引路，由母亲的瘦小、我心酸的哭，引导学生联系自己的生活体验，回顾与父母相处时感动、难忘的场景、细节；情动辞发，再复习本单元前两课所学的写法，尝试运用恰当的语言表达自己的"第一次"的看法和感受。读写迁移的练习，关注核心素养，构建"理解—分析—创造"的素养提升链。

2. 内外迁移，练阅读，习思维。

发挥教材"例文""样本"的功能，迁移拓展，以一篇带多篇，落实"大阅读"的理念，是学习语文的必由之路。《父爱之舟》的课外拓展练习，可引导阅读与本课"父爱"主题相同或相近的文章，如梁晓声的《父亲》；也可引导学生阅读写作方法有异曲同工之妙的经典之作，朱自清先生的《背影》；还可引导学生收集有关材料，包括背景、资料、视频等，促进深度理解文本，开阔阅读空间。

在广泛的阅读中，迁移、运用所学的阅读策略，选择、提炼、概括与转化的思维精加工，再通过文字的想象与创造，感受语言鲜明的特点，内化精致的语言结构，比较好地实现了能力的多元覆盖，促使掌握规律性知识和策略性知识。内化迁移、多元迁移，优化课后的核心素养惯习。

要素导向教学，关注发展语文核心素养的教学目标的实践转化，选择练习系统蕴含语文要素的教学内容，把握教材练习活动的知识逻辑和思维水平的关联性、层次性、整体性，通过语文要素的结链、延链、强链，在课前、课堂、课后三阶段学程，贯通核心素养发展从低向高的思路，经历认知实践由易到难的学路，优化、深化、活化教学实效，实现语文学习减负提质。

四、教学示例

《父爱之舟》教学设计

板块一：谈话揭题，由词入境

1. 看图猜字。

猜猜这是什么字？

2. 字源释义。

请看"舟"字的字形演变。成语舟车劳顿，告诉我们舟和车是古人

　　　　指向语文要素的教学与实践

最常用的两类交通工具。画家吴冠中对小舟情有独钟，他和小舟之间有着怎样的故事？让我们走进散文《父爱之舟》，齐读课题。

【设计意图】这一教学环节，从课题入手，由字源理解"舟"的本义为交通工具，为体会题目的含义和文中蕴含情感作铺垫。

板块二：交流预学，梳理场景

1. 联系已学。

出示"课前学评单"，交流预习任务1、任务2。

枭稻：汉字意蕴丰富，大家可以根据字形猜一猜这个词是什么意思？那么"籴"呢？"枭稻"，结合字形来理解；

泥灶、乌篷船、摇橹：借助图片资料理解；

初小、高小：借助查词典理解；

"恍惚""偏僻"，引导学生用换近义词的方法来理解。

2. 关注未知。

交流预习任务3：找出与题目呼应的句子，运用四年级学习的方法——（出示课件）"抓住关键词句，初步体会课文表达的思想感情"，感受其中蕴含的感情。

《父爱之舟》课前学习评价单

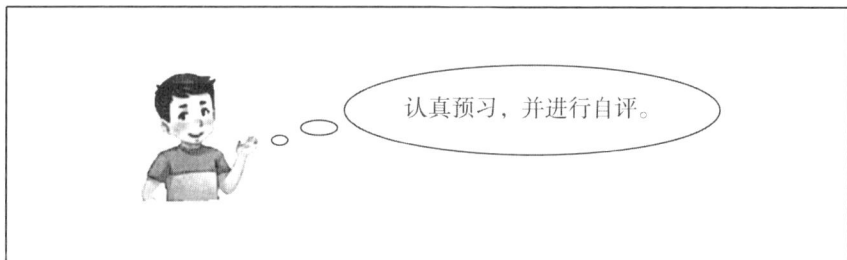

认真预习，并进行自评。

学习任务一	评价
1. 认读生字，我想提醒读音的字是（　　），我想提醒字形的字是（　　）。 2. 运用学过的方法我了解：泥灶、乌篷船、摇橹、初小、高小、粜稻等词语意思。 3. 默读课文，边读边想象，勾画关键语句，思考：分别写了哪些难忘的场景，照样子填一填并自评。（场景是在一定的时空里发生的行动或者生活画面） ①（做什么事） 花钱住店动心换房	自评 ☺ 抓关键词，找准场景； ☺ 语言简练，概括场景。

【设计意图】这一环节结合预学单，交流预学情况：通过预习任务3，概括梳理文中难忘的场景，并根据预习单的评价提示自评。小结时，教师通过读者评价吴冠中"以小见大"，以场景、细节描写之"小"见父爱之"大"，帮助学生理解本文的写作特点，此时，学生经历理解——评价认知活动。

板块三：关注细节，体会感情

1. 合作学习"换房"。

生生共学：从心理描写"心疼极了""动心"感受父爱（理解—分析）；

师生共学：教师引入社会背景视频资料，感受父爱之深沉（分析）；

小结：心疼、动心，说明爱是要用心的，这是父爱之舟。（板书：父爱、心）

2. 自主学习"摇橹"。

交流梳理：关注轮换摇橹的动作体会父爱的深远，从"我"夜不能寐体会对父亲的爱；从"不敢""怕"的心理读懂父亲生活上的照顾，心灵上的呵护。

小结：正如爱的繁体字，上半部分"爪"字头意为扶助弱小，秃宝盖像是雌鸟的翅膀，呵护，保护它的孩子。读懂了父爱之舟也是希望之舟。（板书：爪字头，秃宝盖，希望）

3. 探究学习"缝补"。

从轮换摇船、弯腰低头缝补的动作描写，体会父爱把我带到人生一个个重要的关口；文中没有描写父亲所说的有关爱的话语，但一举一动，体会小船是交通工具，更是载着父爱的人生之舟。

小结：爱的下半部分是个反文旁，意思是爱要付诸实践。（板书：反文旁，人生）

【设计意图】这一板块通过合作学习单、自主学习单、探究学习单，完成课后练习第一题的第二项活动、第二题。学生选取印象深刻的场景，运用四方法、三方式，学习如何应用"体会场景和细节描写中蕴含的感情"这一阅读方法，经历理解—应用—分析的认知活动。

板块四：再读课题，跃升思维

从一个个场景、一处处细节中，我们体会到了父爱的深沉、深远，让我们再读读课题——父爱之舟。说说课文为什么以"父爱之舟"为题？

【设计意图】结合课后练习第三题，学生选取印象深刻的场景，经历分析——评价的认知活动，从低阶思维向高阶思维发展。

第三节　导评：体会类要素的学业评价

《课程标准（2022年版）》中在课程目标、学习内容、教学提示、学业质量部分，分别对学生核心素养的学习、发展、学业成就进行具体描述，利于教师准确理解和把握素养的进阶，因此，我们通过梳理体会类语文要素的评价框架，比较学段目标、学习内容、学业质量描述，三者的呼应和互补关系，为制定过程性评价标准和行为观察点提供依据。

一、体会类语文要素的评价框架

在《课程标准（2022年版）》的课程内容中，提出学习"文学阅读与创意表达"任务群旨在引导学生在语文实践活动中，通过整体感知、联想想象，感受文学语言和形象的独特魅力，获得个性化的审美体验；了解文学作品的基本特点，欣赏和评价语言文字作品，提高审美品位。从学生的核心素养发展来看，体会类的语文要素具有重要的育人价值，能够促进学生欣赏语言文字，评析经典文学形象，积累丰富的情感体验，体会语言文字的丰富内涵，建立语言和审美的联系；能够引领学生在联想想象中，感受文学作品描绘的世界，发展学生的形象思维和直觉思维。

体会类语文要素数量众多，我们可以分学段梳理评价框架。以第二、第三学段为例，分析学段目标的阅读与鉴赏的学段要求、学习内容教学提示、学业质量描述三部分内容的对应点，梳理出第二、第三学段的评价框架，见表4－5。

表4－5　第二、第三学段体会类语文要素的评价框架

学段	学段目标 （阅读与鉴赏）	学习内容 （教学提示）	学业质量描述
第二学段	☆体会句号与逗号的不同用法，了解冒号、引号的一般用法；☆阅读叙事性作品初步感受作品中生动的形象和优美的语言，关心作品中人物的命运和喜怒哀乐，与他人交流自己的阅读感受；诵读优秀诗文，注意在诵读过程中体验情感	侧重考查学生对重要段落和语句的理解，以及对作品的语言和形象的具体感受	能借助上下文语境，说出关键语句、标点符号、图表在表达中的作用；在阅读过程中能结合关键词句解释作品中人物的行为，从某个角度分析和评价人物 乐于参与读书交流活动，能诵读学过的优秀诗文，尝试用不同的语气、语调表达自己的理解与感受。能用自己喜欢的形式记录阅读感受……参加文学体验活动能表达自己的感受

学段	学段目标 （阅读与鉴赏）	学习内容 （教学提示）	学业质量描述
第三学段	☆在理解课文的过程中体会顿号与逗号、分号与句号的不同用法；☆在阅读中体会作者的思想感情，初步领悟文章的基本表达方法；☆阅读叙事性作品，说出自己喜爱、憎恶、崇敬、向往、同情等感受；☆阅读诗歌，想象诗歌描述的情境，体会作品的情感，受到优秀作品的感染和激励，向往和追求美好的理想	侧重考察对语言、形象、情感、主题的领悟程度和体验，评价学生文学作品的欣赏水平 关注研讨、交流以及创意表达能力	能品味作品中重要的语句和富有表现力的语言，注意词语的感情色彩 ☆运用圈点、批注等多种方法记录自己的阅读感受和体验，主动与他人分享；☆能通过诵读、改写、表演等方式，表达自己对感人情境和形象的理解与审美体验；☆在阅读过程中，结合具体内容或时代背景丰富对作品内涵的理解；☆参加文学体验活动，能够结合学习积累和经验，初步形成自己的理解和认识 能借助与文本相关的材料，结合作品关键语句评价文本中的主要事件和人物，提出自己的观点或看法；能与他人分享阅读作品获得的有益启示

我们发现"学段目标"对学段的学习提出了预期目标，教学提示部分的第三点教学评价的考察重点，学业质量描述相较于学段目标，提出了达成目标的方式、方法，评价的内容、学生发展的程度等。例如，第三学段的目标提出了"在阅读中体会作者的思想感情，初步领悟的基本表达方法"，学业质量描述提示我们可以通过四种表现来实施和评价，见上表4－5学业质量描述表格。首先，通过多种方法记录感受和体验并分享；其二，通过诵读、改写等方式表达理解与体验；其三，结合文本内容和背景理解作品的内涵；其四，结合自己积累和经验形成理解和认识。

二、体会类语文要素的评价标准

我们知道体会类语文要素对应的是"文学阅读与创意表达"任务群，本任务群的评价，《课程标准（2022年版）》的教学提示指出：评价应围绕学生阅读文学作品的过程性表现进行。因此，我们把握评价要点，对照学习目标，制定评价标准；开展学习活动，实施过程评价，发挥评价对教和学的促进作用，我们继续以四下第四单元为例，进行体会类要素学习任务群的评价。

三、教学示例

四年级下册第四单元教学活动和评价设计

作家笔下的动物朋友

（一）学习主题和内容

1. 学习主题。

作家笔下的动物朋友

2. 学习内容。

（1）文学阅读与创意表达：《猫》（老舍）《母鸡》《白鹅》；小练笔、习作《我的动物朋友》

（2）拓展阅读：节选《猫》（夏丏尊）、节选《猫》（周而复）、《白

公鹅》(叶·诺索夫)

（3）语文园地四

（二）学习目标

见本章第一节

（三）学习情境

奔跑，飞舞；驻足，凝望。可爱的动物，我们的好朋友。在这些情境下，我们可以如何向别人介绍自己的动物朋友。著名作家老舍、丰子恺先生，他们观察角度不同，表达方法不同，语言风格各有特色。就让我们一起走进可爱的动物世界，与它们交朋友吧。

（四）学习活动和过程评价设计

学习任务	学习活动	学习内容	评价标准
我们的动物朋友	任务1 观察动物朋友	了解单元习作任务：观察身边的动物	1. 能从外形、习性等方面观察动物； 2. 能记录自己的观察
	任务2 作家笔下的动物朋友	1. 抓关键语句，体会作家表达的情感 2. 比较阅读，领悟写法：研读不同作家的《猫》，找不同写法；从文章结构、表达方式、语言特色比较《白鹅》《白公鹅》相同写法；比较同一作者、不同作家的表现手法	1. 能体会作家对动物的喜爱之情 优秀：能用前后对比、换词比较、圈画批注、感情朗读等多种方式体会作家对动物的喜爱之情； 良好：能用前后对比、圈画批注、感情朗读的方式体会作家对动物喜爱之情； 合格：能用前后对比、圈画批注的方式体会作家对动物的喜爱之情

学习任务	学习活动	学习内容	评价标准
我们的动物朋友		3. 学习语文园地，梳理和交流写作方法	**2. 能体会作家如何表达对动物的感情的** 优秀：能体会作家通过具体事例描述、运用明贬实褒的表达方式和采用拟人、比喻、对比的手法等表达感情的，感受语言的趣味； 良好：能体会作家通过具体事例描述、运用明贬实褒的表达方式和采用拟人、比喻、对比的手法等表达感情的； 合格：能体会作家通过具体事例描述、运用明贬实褒的表达方式表达感情的
	任务 3 我笔下的动物朋友	1. 试着介绍自己的动物朋友； 2. 能围绕评价标准进行互评	**1. 能写出自己喜欢的动物的特点** 优秀：能发现自己熟悉的动物的特点，根据不同的情境，学习作家运用明贬实褒的表达方式，选择性使用其他方法，如具体事例描述、采用拟人、比喻、对比的手法等表达方法写出对动物的情感； 良好：能发现自己熟悉的动物的特点，学习作家运用明贬实褒的表达方式，选择采用拟人、对比的手法等表达方法写出对动物的情感； 合格：能发现自己熟悉的动物的特点，学习作家运用明贬实褒的表达方式写出对动物的情感

学习任务	学习活动	学习内容	评价标准
我们的动物朋友	任务4展示我们的动物朋友	1. 多种方式展示单元学习成果； 2. 评选最佳创作者	1. 以音频、视频、手抄报等方式展示自己收集或创作的有关动物朋友的成果； 2. 能制定评选标准，评选最佳创作者

（五）设计说明

四下第四单元语文要素为"体会作家是如何表达对动物的感情；写自己喜欢的动物，试着写出特点"，这是领悟表达方法类的语文要素，也是对四下第一单元"抓住关键语句，初步体会课文表达的思想感情"学习的提升，指向第三学段目标"初步领悟文章的基本表达方法"；根据表4—5第二、第三学段有关表述，评价的重点在于"侧重考察对作品的语言和形象的具体感受以及对情感的领悟程度和体验"。

对照本章第二节拟定本单元核心目标、个性目标的相关要求，确定能体会作家对动物的喜爱之情、能写出自己喜欢的动物的特点、三项评价内容，第一、第二项是过程表现，第三项是学习成果，是显性的，针对这些评价内容，可以运用表现性评价方式，我们确定三项评价内容并制定优秀、良好、合格的评价标准。

第五章

策略类"要素导向"的设计与实践

阅读策略源自心理学研究，随着认知心理学的发展，研究者们发现优秀的阅读者较之普通的阅读者，不仅拥有更丰富的背景知识，而且能有效地运用多种阅读策略进行阅读。经研究发现，阅读策略需要经过系统、具体地学习和练习方能习得，因此诸多国际阅读素养测试将之作为测试内容。如 PISA2018 阅读素养测试，就关注了阅读策略的运用和教学。近年来，包括我国在内的众多国家，在母语课程标准和教材中，提出了阅读策略的学习要求。我国的义务教育统编教科书，关注阅读策略学习的重要性，创新性地在小学阶段编排了阅读策略单元，初中阶段更是将之融于整个学段的学习中。本章节，我们将探索"阅读策略类"要素导向教学，引导学生构建阅读策略、提升阅读素养，成为积极、主动的阅读者。

第一节 导教：策略类要素的教学解读

"阅读策略"作为语文课程学习内容和要求，先后出现在 2017 年版、2020 年修订版《普通高中语文课程标准》的教学提示中，"教师应向学生提供有效的学习支持。如做好问题设计，提供阅读策略指导，适时组织经验分享和成果交流活动"，以及《义务教育语文课程标准

指向语文要素的教学与实践

（2022年版）》的教学提示"整本书阅读教学，应以学生自主阅读活动为主，引导学生了解阅读的多种策略"。

对大多数老师而言，阅读策略是个"新概念"，新在不甚了解它的定义、内涵，新在不甚了解它与我们熟悉的"阅读方法"有何联系与区别。同理，阅读策略单元（下文简称"策略单元"）是张"新面孔"，我们对它的定位、价值、实施路径也还不甚了解。我们可以从自身认知、联系认知、比较认知的维度，解读其概念含义，解构其组成因素，分析其能力进阶，明确其评价标准，从而发挥阅读策略单元在策略类语文要素的导教作用。

一、解析阅读策略的定义内涵

1. 定义阅读策略。

心理学将阅读策略看作是一种认知活动。认知心理学认为阅读策略是阅读者有意识的行为，也就是在理解文本和监控理解的阅读过程中，有意识的、灵活的系列阅读行为。综上，"阅读策略"通常包含两层含义。第一层是为了保证达到阅读目标进行的有计划的认知活动；第二层是有意识的认知活动，读者会依据文章的特性及阅读的目的选用不同的阅读策略，并能在阅读过程中随时对阅读方式进行调整。

2. 阐释阅读策略。

阅读策略属于元认知知识，包括学习策略、阅读理解策略、自我监控和调节策略等方面的内容。阅读理解策略就是阅读中使用的策略，主要包括八个方面：

预测，根据一定的线索有依据地对故事形成假设。

联结，调取已有背景知识和经验更好地理解文本意义。

提问，对阅读材料提出问题并尝试回答的过程。

图像化，由思维创造多重感官图像帮助理解文本。

定重点，根据文本的组织结构特点给信息分类并挑选出主旨。

推断，能利用文本线索补充合理假设和合乎常理的推断。

释疑，能意识到遇到了理解困难并停下来回头重新阅读。

综合，能够分析信息，整合文本和自己的认识或经验并思考、得出结论。

3. 辨析阅读策略。

阅读策略是为了达到某个阅读目的所采取的一系列阅读方法和技能。阅读策略不同于阅读方法。《现代汉语词典》中"方法"的释义为"关于解决思想、说话、行动等问题的门路、方法。技能指技术、能力，是个体运用已有的知识经验，通过练习而形成的一定的动作方式或智力活动方式"。"策略"的释义为"根据形势发展而制定的行动方针和斗争方式"。

阅读方法是在阅读中具体实施的方法、程序等，是基础水平的认知，如精读、略读、默读。

阅读技能是基于经验背景的阅读方式，如阅读中理解字面意思、识别文章观点的能力等，需要反复训练。

阅读策略是对多种阅读方法进行灵活、综合运用，是高阶水平的认知，如预测策略需要综合运用联系上下文、根据题目、根据插图、联系生活经验等阅读方法展开预测。

二、厘清策略单元的认知理解

1. 策略单元的自身认知。

目前，统编教科书选取了预测、提问、提高阅读速度、有目的地阅读等策略，在三至六年级设置了四个以阅读策略为教学重点的教学单元，称为"阅读策略"单元。

预测和提问属于阅读理解策略，是"典型的阅读策略"；提高阅读的速度是阅读的要求，有目的地阅读是阅读策略的要求，二者不属于思维和阅读的活动范畴，是"广义的阅读策略"。四项策略层层递进，螺旋上升，提高阅读速度是需要预测和提问的策略支持，而有目的地阅读也需要提高阅读速度等策略支持。

指向语文要素的教学与实践

2. 策略单元的联系认知。

从本质上看，阅读策略单元属于阅读单元，二者联系密切。

一是关注阅读策略学习。统编教科书以集中和分散的方式安排阅读策略的学习，策略单元集中学习四种策略。此外，还将联结、图像化、定重点、综合等策略化整为零，分解为具体的阅读方法、技巧，分散在其他阅读单元，多次、反复地学习。

二是单元结构方式相似。阅读策略单元与普通阅读单元，都是由精读、略读、识字与写字、课后练习题、习作、《语文园地》等部分构成。

三是指向阅读能力提升。随着学生阅读能力的发展，第二、第三学段文本的篇幅增长，也就需要学生具备阅读长文章的能力，统编教科书安排了五个其他阅读单元进行概括类语文要素学习。分别是：三下 8 "了解故事的主要内容，复述故事"、四上 4 "了解故事的起因、经过、结果，学习把握文章的主要内容"、四上 7 "关注主要人物和事件，学习把握文章的主要内容"、四上 8 "了解故事情节，简要复述"、四下 6 "学习怎样把握长文章的主要内容"，使学生具备了一定的概括语段大意、把握文章的主要内容等阅读能力，有了这些铺垫，学习提高阅读速度的策略水到渠成，五下第二单元安排了"提高阅读速度"的策略单元，进行系统深入学习，为后续课内其他单元语文要素的学习、课外阅读整本书的实践活动，搭好支架。

3. 策略单元的比较认知。

策略单元与其他阅读单元相比，教学重点不同，因此二者各具特点。

其一，目标重点不同。相比其他阅读单元教学目标的多元，策略单元教学目标聚焦于学习并掌握阅读策略，形成运用策略的意识和习惯，成为积极的阅读者。

其二，组元思路各异。其他阅读单元为双线组元，策略单元仅以阅读策略为主线组织单元内容，按照策略学习的逻辑有层次、按顺序安排，通常精读课文学策略、习策略，略读课文用策略，交流平台梳理总结，之后在课内外阅读实践中持续、积极地运用阅读策略。

其三，阅读方式有别。其他阅读单元以朗读为主，关注语言表达的内容形式、文本的内涵主旨；策略单元属于元认知知识，综合运用默读、略读、浏览等多种阅读方式，调控、整合、比较、选择等阅读方法。

三、梳理要素图谱，进行"策略"的教学解读

（一）瞻前顾后，把握教学关键

把握阅读策略教学的关键，需要厘清何为阅读策略学习的起点、重点和难点？四项策略之间有何联系？能力如何进阶？我们也可以根据统编教科书编排的特点，纵横联系绘制"阅读策略类"要素全景图谱，进行单元整体的教学解读。厘清纵向联系，瞻前顾后地梳理不同的年段、不同的册次、不同的单元的策略，循着由易到难、由浅入深的发展梯度，把握策略学习的学情，定位策略学习的"起点、重点、难点"三个关键点。

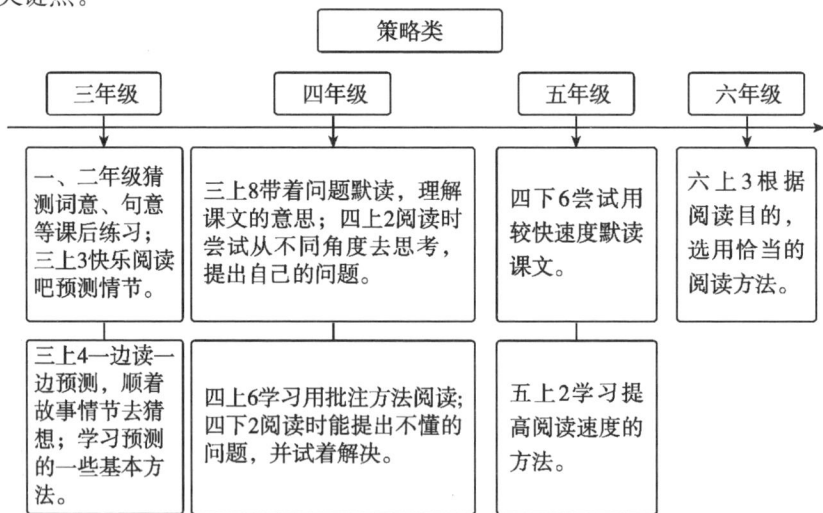

图5—1　策略类语文要素的全景图谱

指向语文要素的教学与实践

1. 往回看，找起点。

（1）预测的学习起点。预测是伴随阅读的心理活动，预测策略单元安排在三上第4单元，学生学习预测策略，并不是零起点。如图5－1策略类语文要素的全景图谱所示，一、二年级猜测词意、句意等语文要素学习，学生已经无意识、不自觉地拥有预测心理和阅读经历。尤其在二年级下册，大约安排了六七次与预测有关的课后练习，丰富了学生一边读一边猜测和验证的经历和体验，这些都是学生学习预测策略的起点。

例如，二年级下册第一单元"快乐读书吧—读读儿童故事"，引导学生"看书的时候，要学会看目录。目录告诉我们书里主要写了什么，要读的内容从哪一页开始"。就是指导学生"抓住题目，先预测后阅读"，通过目录中的题目线索，来预测故事的主要内容。

再如，第9课《枫树上的喜鹊》课后练习二，引导学生"根据前文的阅读经验来预测"，根据课文描写的"我"看见喜鹊阿姨教喜鹊弟弟唱歌、游戏、学拼音、认识太阳的情景的线索，联系生活常识预测习题的两个语境是有关吃虫子和学唱歌的；第20课《蜘蛛开店》课后练习三"续编故事接下来会发生什么事？"这是学习"根据情节预测，读后续编故事"。

（2）提问的学习起点。知识来自疑问，提问生成智慧。《课程标准（2022年版）》在第一、第二学段的课程目标、课程内容部分都提出了要求，并进行了学业质量描述"尝试对阅读内容提出问题""根据自己的阅读理解提出问题并与他人交流"。

统编教科书在三上第八单元安排了"学习带着问题默读，理解课文的意思"语文要素的学习，课后练习、学习提示设计一些引导学生默读时思考的问题。默读《灰雀》揣摩人物的心理，默读《手术台就是阵地》思考课文题目的含义，默读《一个粗瓷大碗》思考围绕线索一个粗瓷大碗发生了什么感人故事，口语交际根据自己不好解决的问题，向别人请教、追问。

因此,"带着问题默读"是提问策略的起点,为建构提问策略提供了一定的能力支持,学生初步能针对阅读内容的题目、难理解的语句或内容提出问题,能初步一边阅读一边思考问题、解读问题;同时,受限于理解能力和思维水平,提出的问题大多关注文本的细节或局部、思维水平不高。

(3)提高阅读速度的学习起点。信息化时代需要快速阅读应对挑战,快速阅读是现代人不可或缺的技能。经过三、四年级阅读策略单元和其他阅读单元的学习,学生掌握了预测、提问策略,能正确理解内容后,统编教科书在五年级安排了更高阶的阅读策略,学习提高阅读速度的方法,自觉运用到阅读中,逐步养成良好的阅读习惯。快速阅读是基于经验背景的阅读方式,是需要训练的阅读技能。提高阅读速度的方法有默读、略读、浏览、跳读、猜读、大量阅读、抓住重点、集中注意等。

默读是提高阅读速度常用的阅读方式,统编教材安排了大量的默读练习,这些都是学习提高阅读速度策略的起点:

二年级上册第七单元《雪孩子》一课的课后练习,第一次提出默读的要求,"学习尝试默读,试着做到不出声"的要求;

三年级增加了通过默读粗知文章大意的练习量,上册提出"初步学会默读"的要求,第八单元的语文要素为"学习带着问题默读,理解课文意思",在课后练习和略读课文中,安排了7次默读课文把握主要内容或理解课文内容的阅读实践,下册"学习略读,能粗知文章大意",安排了15次默读的阅读实践。

四年级上册安排了7次默读课文把握主要内容、理解内容的练习,下册第六单元学习"尝试用较快速度默读课文"的阅读长文章的方法,此外还安排了11次默读课文练习。这些阅读实践,帮助学生积累了默读的方法,提升了阅读理解能力以及会不自觉地运用默读、浏览等方

指向语文要素的教学与实践

法，以较快的速度默读课文。

（4）有目的地阅读的起点。有目的地阅读，是学生根据阅读目的，关注相关的阅读内容，选用适当的阅读方法进行阅读，以达到自己的阅读目的。这是小学阶段学习的最后一项阅读策略，既巩固提升已有的阅读能力、习惯，又综合运用已学的预测、提问、提高阅读速度等阅读策略，这些都是有目的地阅读策略学习的起点。

2. 看当前，定重点。

（1）预测的重点。三上第二单元的单元导语"猜测与推想，使我们的阅读之旅充满了乐趣"：猜测是猜度、揣测，是凭线索进行主观猜想；推想是根据已经知道事物的逻辑推想未知的事情；乐趣，提示学习"预测"策略的意义。语文要素的第一点"一边读一边预测，顺着故事情节去猜想"，指明了本单元学习的新要求，引导学生形成初步的预测意识和习惯。

掌握阅读策略需要一些基本方法的支撑，因此第二项语文要素是"学习预测的一些基本方法"，这是单元学习的重点。需要教师引导学生提取、整合并且运用，编者分解在课文导语、课文、旁批、课后习题中的基本方法；第三项要素"尝试编故事""通过三幅插图预测后面发生的故事，并把故事写完"，是本单元习作要素，也是将"预测"策略运用于写作，是阅读策略教学的延续，"尝试"是从初步运用的角度提出要求，读写联动有助于促进学生自如、主动地运用预测策略，整体发展预测能力、思维能力、想象能力和语言表达能力。

（2）提问的重点。提问策略以南宋著名的哲学家、教育家陆九渊的名言"为学患无疑，疑则有进"作为单元导语，揭示了提问的意义——读书做学问就怕没有疑问，带着问题学习才能进步。语文要素是"阅读时尝试从不同角度去思考，提出自己的问题""不同的角度去思考"。学习从更多的角度思考，扩大提问的范围；"提出自己的问题"意味着养成主动、积极思考的习惯。单元学习旨在学习运用提问的方法，培养问题意识，提高阅读能力。本单元提问策略学习的重点是"阅读时，能从不同的角度提问"。

（3）提高阅读速度的重点。本单元的篇章页提出"阅读要有一定的阅读速度"和"学习提高阅读速度"。提示学习的重点是强化"提高阅读速度的意识"，掌握一些提升阅读速度的方法。阅读要有一定的速度，指学生能在规定时间内，正确理解和把握阅读文本，获得需要信息的能力。对五年级的学生来说"规定时间""一定的速度"具体要求是什么？《课程标准（2022 年版）》对第三学段提出的相关要求是"默读有一定速度，默读一般读物每分钟不少于 300 字"。

（4）有目的阅读的重点。统编教科书在六年级主要安排了巩固提升学习能力，综合运用之前所学的方法、策略。有目的地阅读，学习重点在于"综合运用"，也就是能根据阅读任务，确定阅读目的后，有针对性地选择阅读内容和方法。简而言之，是选择阅读内容和方法，达到"会选择""能选择""选得准"。

3. 朝前看，定难点。

（1）预测的难点。"预测"单元是阅读策略的首个单元，不仅能帮助学生顺利习得预测策略，感受阅读的乐趣，更重要的是有助于学生进一步理解课文。一边读一边预测，能让学生注意到更多细节，帮助学生更好地理解课文内容，为四年级上册针对课文局部和全文提出自己的问题做铺垫。首次进行策略学习，需要将本单元学习之前的阅读心理、阅读体验，转变为有意识的阅读策略，形成运用策略的意识，提升阅读素养。因此，形成运用阅读策略的意识，是单元学习的难点，也是本册阅读学习的难点。

（2）提问的难点。从阅读学习的角度来说，提问不是目的，提出问题是为了帮助理解，需要我们引导学生筛选出对理解课文内容有帮助的问题。这是后续的四下第二单元"阅读时能提出不懂的问题，并试着解决"学习的基础。本单元学习的难点为"能筛选出对理解课文有帮助的问题，并试着解决"。

（3）提高阅读速度的难点。"阅读要有一定的速度"，意味着并非只追求阅读速度，而是既要提高阅读的速度，也要达成理解内容的目标。一定速度的阅读旨在让学生有意识、自觉主动地提炼、抓取主要信息，进一步读懂文本的主要内容。因此，带着问题或一定的目的，在阅读时集中注意力检索、获取相关信息，忽略无关信息，提高阅读效率，成为本策略单元学习的难点。

（4）有目的阅读的难点。"有目的地阅读"策略，是基于自我监控的阅读，属于元认知策略，难点在于自我调控。需要引导学生在阅读过程中，借助目标和评价量表，反思、评价、调控自己的阅读过程，调整相应的内容、策略与方式，提高阅读成效。

（二）左顾右盼，梳理内容和目标

阅读策略的单元学习，还需要我们从三个方面厘清横向联系：一是可以根据阅读策略单元的组元思路，结合单元导语、语文要素，确定单元教学内容和核心教学目标，核心目标既要关注方法习得，也要关注元认知对策略运用的监控和调节。二是树立方法意识，依据单元核心目标，从课文提示语、课后练习、交流平台等提取、整合具体的阅读方法，制定每课的学习目标，落实"一课一法，学策略"，这是因为策略单元的教学指向是提升学生运用策略的意识和能力，达成的关键在于从单元教材的各组成部分，梳理出具体的阅读方法，将掌握、运用这些具体的方法作为每课的教学目标。三是确定单元的学业水平，把握每课目标的递进性与发展性，遵循从学到用、从无意识运用到自觉运用的学习逻辑，实现"各法相连，习策略"。

1. 预测单元。

预测单元是阅读策略的首个单元，围绕"预测"策略这一单元学习主题，安排了三篇情节反复的童话故事，线索清晰且贴近儿童的生活经验，有利于学生结合文章展开预测。

第一课精读课文，旨在唤醒学生一边读一边预测的潜在意识，从课文的旁批，学习根据题目、插图、文章内容的一些线索进行预测的基本方法，从课后习题学习伙伴讨论的示例，可以知道预测要有依据以及预测与实际内容比照的两种可能。

第二课略读课文，根据预测教学的需要，选文是隐去了故事后面部分的情节的不完整文本，旨在有依据地预测故事的发展，课后习题仍以学习伙伴讨论的方式，提示学生怎样讲述自己预测的思考过程，还引导学生更深入地学习，根据故事实际内容修正想法。

第三课略读课文，课文对选文进行了有意思的改编，呈现的是三种不完整的结局，对结局开放多元的预测，增加了趣味，课后习题安排与原文结局比较，提升预测水平。交流平台是梳理和总结单元学习收获，习作续写故事是整个单元学习的成果，用三篇课文组成"预测"策略的文学阅读与创意表达任务群。

分析单元内部组成的教学价值后，结合《课程标准》（2022年版）第二学段的学业质量描述有关预测达到的水平"借助阅读经验和生活经验预测情节发展"，我们确定预测单元的三项核心目标，见表5-1单元目标，其中第一项指向方法，第二项旨在自我监控和调节综合运用方法，从方法上升为策略，第三项指向情感态度。结合单元各组成部分，将单元核心目标以"学—练—习—用"的学习逻辑，按"了解—认识—掌握—运用"的结果目标，制定课文目标，梳理学业水平，见下表5-1。

指向语文要素的教学与实践

表5－1 "预测策略"单元核心目标和学业水平

类别	单元目标	课时目标	学业水平
精读《总也倒不了的老屋》	1. 能一边读一边预测，会结合文章题目、插图、文章的一些线索、生活经验等预测，能预测故事的发展、结局；2. 能将自己的预测和实际内容进行比较，修正想法；3. 初步感受预测的好处和乐趣	1. 学习一边读一边预测，了解根据题目、插图和故事内容的线索预测；2. 了解预测的内容跟故事的实际内容可能一样，也可能不一样	唤醒预测意识 了解：初步认识； 初步感受：一边读一边预测中，获得预测的好处和乐趣的感性认识
略读《胡萝卜先生的长胡子》		1. 会一边读一边预测故事内容，会根据故事实际内容修正自己的想法；2. 尝试给读物的题目预测故事主要内容，产生阅读的兴趣	学习预测情节 会：认识，理解； 尝试：经历运用题目线索，结合生活、阅读经验预测故事主要内容，能讲述思考过程和结果，感受预测乐趣
略读《小狗学叫》		1. 能一边读一边预测后边的内容；2. 能预测故事的结局，比较原文，体会预测多样性，感受一边读一边预测的乐趣；3. 尝试运用预测策略阅读课外书	练习预测结局 能：掌握预测的一些基本方法； 尝试运用：能选择适当的方法，一边读一边预测

类别	单元目标	课时目标	学业水平
习作《续写故事》	能根据插图和提示推想故事的发展和结局，把故事写完整		尝试独立运用 能：根据插图和泡泡提示的线索，结合生活经验，对故事发展作合理、多样的推想
交流平台	能结合阅读体验，交流、总结运用预测策略的好处，知道在课外阅读中自觉运用预测策略		逐步养成习惯 能：梳理与总结预测的好处，由课内学习延伸至课外阅读

2. 提问策略单元。

提问策略单元安排了不同文体的四篇课文，以课前导语、课文旁批、课后练习题提示从不同角度提问。童话《一个豆荚里的五粒豆》侧重针对局部和全文大胆提问；说明文《夜间飞行的秘密》旨在从课文内容、写法、得到的启示、联系生活经验等多角度提问；科学小品文《呼风唤雨的世纪》侧重筛选对理解课文有帮助的问题；散文《蝴蝶的家》能总结运用提问策略进行阅读，尝试解决提出的问题，养成主动思考的习惯。交流平台引导学生结合阅读经验，梳理总结提问策略，和在阅读中运用提问策略的好处。

《课程标准（2022年版）》对第二学段的课程目标提出"阅读与鉴赏"的要求："能对课文中不理解的地方提出疑问，乐于与他人讨论交流。"对"梳理与探究"提出要求："能提出学习和生活中的问题。"对提问也进行了学业质量描述：第一学段尝试对阅读内容提出问题、第二学段根据自己的阅读理解提出问题并与他人交流。结合本单元核心目标，我们梳理了表5－2提问策略单元目标和学业水平，把握单元内容以阶梯、渐进的方式建构提问策略的特点。

表 5—2　"提问策略"单元核心目标和学业水平

类别	单元目标	课时目标	学业水平
精读《一个豆荚里的五粒豆》		1. 在阅读中能积极思考，了解可以从课文局部和整体提出自己的问题；2. 学习借助问题清单，理解课文内容	学习提问 了解：知道从局部、整体提问的方法；从全文提问是本课学习难点，标志着提问能力的提升
精读《夜间飞行的秘密》	1. 阅读时，能从不同角度提出问题，能筛选出对理解课文有帮助的问题；2. 能自主运用提问策略进行阅读，尝试解决提出的问题，养成积极思考的习惯	1. 仿照问题清单，会从内容、写法、启示等不同的角度提问；2. 会借助问题理解课文内容	尝试提问 会：由学到练，理解策略。从不同角度梳理提出的问题，借助问题理解课文，尝试迁移运用提问策略
精读《呼风唤雨的世纪》		1. 能自主提问并分类，筛选出对理解课文最有帮助的问题；2. 能借助问题理解课文内容	掌握策略 能：由练到能，能自主从多角度提问、分类整理问题，筛选对理解课文最有帮助的问题，掌握策略
略读《蝴蝶的家》		1. 能在阅读中提出自己的问题，并试着分类；2. 能筛选出最值得思考的问题，并尝试解决	运用策略 运用：选择适当的方法提出自己的问题，能综合运用提问策略进行阅读

类别	单元目标	课时目标	学业水平
交流平台	能结合阅读体验，梳理学到的提问策略以及运用策略进行阅读的好处，知道在课外阅读中要自觉运用提问策略		养成习惯 自觉运用：知道在阅读中要自觉运用策略，养成善于提问、主动提问的好习惯

（三）提高阅读速度

围绕"提高阅读速度"单元学习主题，单元没有安排略读课文，安排了四篇精读课文，每一篇课文都对快速阅读的习惯和方法提出了不同的要求，主要学习以下七种集中提高阅读速度的方法和习惯：

一是集中注意力地读，这是基本的阅读习惯，在阅读时能排除干扰，不开小差。

二是不回视地读，这提高阅读速度的基本策略，在阅读时目光不停留或重新扫视读过的文字，遇到不懂的词句不要停下来。

三是连词成句地读，避免一字一词地读，尽量扩大视域，从一眼多词，到一眼一句，再到一眼一行。

四是借助关键词句地读，借助词句，了解表达特点，关注文章结构特点、修辞手法等方法提高速度。

五是带着问题读，在阅读中带着自己提出的问题，边读边思考，更关注关键信息，更好地理解文章内容，提高阅读速度。

六是能概括词句意思地读，提高阅读的速度，是基于理解好、记忆清、速度快的阅读，抓住语句关键信息，能加快速度。

七是计时读，在本单元是一以贯之的方法，能让学生了解自己的阅读速度，主动提高阅读速度的意识，并且在阅读实践中自我调控提高阅读的速度。

阅读策略单元的组成部分指向策略学习，单元核心目标是强化"速度意识"，养成良好的阅读习惯，提高阅读效率。此外，单元选文的体裁各异，散文、历史故事、说明文，能丰富学生提速阅读不同文体的经历，实现单元个性化目标，通过印象深刻的画面或具体的事例，感受人物的特点和品质，理解不同文体的内涵，见下表5－3。

表5－3 "提高阅读速度策略"单元核心目标和学业水平

类别	单元目标	课时目标	学业水平
精读《搭石》	1. 学习提高阅读速度，学会用较快的速度默读课文；2. 能从具体事例感受乡亲们美好品质	1. 能用较快的速度默读课文，能集中注意力、不回视地读，了解主要内容；2. 能从具体事例感受乡亲们美好品质	能集中注意力地读、不回视地读
精读《将相和》		1. 能尽量连词成句读课文，提高阅读的速度，理解主要内容；2. 在以一定速度了解内容的基础上，通过具体事例感受人物特点和品质	能连词成句地读
精读《什么比猎豹的速度更快》		1. 能借助关键词句提高阅读速度，了解主要内容；2. 针对课文内容提出自己的问题	能借助关键词句读
精读《集中的地道战》		1. 能带着问题用较快的速度默读课文，了解主要内容；2. 理解中国人民的智慧和保家卫国的斗志	能带着问题读
交流平台、词句段运用		1. 能总结、归纳提高阅读速度的方法；2. 能概括词句意思地读	能概括意思地读；知道要养成提高速度的习惯

（四）有目的阅读

单元导语"读书好比串门儿——隐身的串门儿"，以杨绛先生的妙喻唤醒学生的学习期待，了解阅读的意义。围绕学习主题"有目的地阅读"，单元选编了两篇精读课文，展示了运用策略阅读的具体方法和过程。引导学生体会阅读同一篇文章，目的不同，关注的内容、采用的阅读方法也会不同。略读课文引导迁移运用学到的方法，逐步实现"有目的地阅读"。交流平台对如何根据阅读目的，选择合适的材料、运用恰当的阅读方法进行了梳理和总结。

表5—4 "有目的地阅读策略"单元核心目标和学业水平

类别	单元目标	课时目标	学业水平
精读《竹节人》	能根据不同的阅读目的，选用恰当的阅读方法进行阅读	读同一篇文章，会根据不同阅读任务，关注不同内容，选用不同的阅读方法	学会根据不同阅读目的，选用恰当的阅读方法
精读《宇宙生命之谜》		能根据阅读目的，选用适当的阅读方法，解决问题	迁移运用方法，逐步掌握策略
略读《故宫博物院》		根据不同阅读目的，筛选阅读材料，选择与任务关联性强的内容，选用合适的方法进行阅读	迁移运用方法，熟练地掌握策略
交流平台、词句段运用		能总结、归纳有目的地阅读的方法；知道在今后阅读中自觉养成有目的阅读的习惯	知道在阅读中要养成有目的阅读的习惯

指向语文要素的教学与实践

第二节　导学：策略类要素的教学设计

通过四大阅读策略的教学解读，我们理解了阅读策略的本质属性，分析了策略单元的教学价值，确定了单元学习主题和目标。在单元整体设计与实施中，要以策略要素为教学导向，优化策略的实施路径，提炼策略的教学策略。整合单元的学习内容，设计策略学习的任务活动，通过"学习策略—练习策略—运用策略"的实践活动，形成单元学习向心力。

一、活动驱动，学策略

阅读策略内涵的感受和理解，需要在真实阅读情境中不断学习；阅读策略方法的掌握和运用，需要在真实的阅读活动中不断练习。以单元主题情境开展用策略解决问题的阅读活动，用真实的阅读活动来联结课堂阅读学习和课外阅读实践。

以五年级上册第二单元"阅读要有一定的速度"为例。我们设计了单元主题情境：信息时代，知识大爆炸。80％的信息是阅读获取的，我们怎样才能跟上时代的脚步？

通过三大学习任务，七项学习活动，引导学生能读得快速、读得有效率、读得更多，见图5—2。

图5—2　"阅读要有一定的速度"单元学习任务活动

任务一"我能读得快一些"，开启单元的学习，明确单元学习任务，通览单元导语、课文导语、交流平台等，梳理单元学习的速读方法；

任务二"我能读得有效率"，不仅树立阅读时的速度意识，掌握提高阅读速度的一般方法，还强化了提高阅读速度与阅读理解相辅相成的认识，运用集中注意力读、抓关键读、带着问题读等方法，推进理解性、深层次的阅读；

任务三"我能读得更多些"，引导学生在今后的阅读中自觉、综合地运用提高阅读速度的策略，帮助自己读得更多。

二、方法支架，习策略

阅读策略具体化。教策略时要教更具体的方法，阅读策略是学生为了达到某个阅读目的所采取的一系列阅读方法和技巧。我们在教阅读策略的过程中，要指导学生学习并运用策略下面的方法甚至技术。那么，阅读策略具体化和"阅读策略"关联的"阅读方法"如何确定呢？首先是从"课文导语、课文旁注、课后问题"以及语文园地的"交流平台"中提取、整合。其次，教师也要结合自己的阅读经验提供给学生"听得懂、记得住、用得上"的阅读方法。

再以五上"提高阅读的速度"策略为例，围绕单元语文要素，教材在四篇课文的课前导读部分，提出了提高阅读速度的习惯和方法的要求。每课的课后习题设计了学习伙伴关于提高阅读速度的交流情境，直观示范怎样运用方法提高阅读的速度。交流平台梳理和总结了本单元的方法，词句段运用也提示了"及时概括语句意思"的方法。同时，我们结合自己的阅读经验，梳理七种具体方法，计时读、集中注意力读、跳读、扩视读、抓关键句读、带着问题读、概括意思读，结合每课的教学，融合在单元中整体教学。这样教策略，策略就变成具体的可知可感可用的方法，真正把"教"与"学"落到实处。

三、反复实践，用策略

研究表明，优秀的阅读者＝阅读量＋阅读策略的运用度，阅读策略作为一种程序性知识，需要学生在大量且丰富的阅读实践活动中进行尝试、消化和应用。

1. 单元一体，稳中求进地学。

以"提高阅读的速度"策略为例，通过七项活动，设计单元整体学习历程，首先是"理一理，提速方法"通览单元提速的方法和要求，"列一列，提速计划"是根据课标对第三学段提出的每分钟阅读300个字的要求，在阅读前拟定阅读速度，选择阅读方法，记录阅读时间，"看见"自己阅读速度的进步，调控自己阅读的效率。活动3、4、5学一学、练一练、用一用散文、故事、说明文的速读方法。活动6、7评一评、比一比自己的学习成效，引导学生将习得的方法自觉、综合地运用在课外阅读中。

2. 一课一得，循序渐进地练。

把握每种方法的重点，关注方法之间的联系。每课以"复习旧法—学习新法—综合运用"等环节，扎实推进速读方法的学习。学习《将相和》时，让学生运用前一课《搭石》中学会的计时读、集中注意力读的方法进行阅读；学习《什么比猎豹的速度更快》，不仅新学"抓关键句读"，还复习和综合运用已学的计时读、集中注意力读、扩视读等。在不断的阅读实践中，扎实掌握提高阅读速度的方法。

3. 课内课外，持续推进地用。

阅读策略向阅读能力的转化离不开持续的阅读练习，既需要在课堂学策略、初步有意识地用策略，更需要在课外大量的阅读实践中迁移巩固策略。整本书的阅读，注重综合运用已习得的阅读策略。

所以，我们可以在后续单元学习中，结合单元语文要素，引导学生自主、综合地运用阅读策略；还可以结合每册教材的"快乐读书吧"的必读、选读书目，在整本书的阅读活动中，运用阅读策略。根据阅读策略单元所在年段和四种阅读策略的特点，选择表5—5对应的"快乐读书吧"进行整本书阅读。

表 5—5　整本书阅读的策略运用

阅读策略	快乐读书吧
预测	三上童话"在那奇妙的王国",三下寓言"小故事大道理"
提问	四上神话"很久很久以前",四下科普文"十万个为什么"
有速度阅读	五上民间故事"从前有座山",五下中国长篇小说"读古典名著,品百味人生"
有目的阅读	六上成长小说"笑与泪,经历与成长",六下世界名著"漫步世界名著花园"

四、教学案例

阅读要有一定的速度

一、主题和内容

(一)学习主题:阅读要有一定的速度

(二)学习内容:五上第二单元第 5 课至第 8 课、语文园地"交流平台"

二、学习目标

见表 5—3

三、学习情境

信息时代,知识大爆炸。80%的信息是阅读获取的,我们怎样才能跟上时代的脚步?阅读是掌握知识的基础,及时当勉励,岁月不待人;提高阅读的速度,读得快、记得牢、理解得更好。

四、任务与活动

任务一:我能读得快一些(1 课时)

活动 1:理一理,提速方法

(一)明确单元主题

1. 同学们,今天我们将开启第二单元的学习。请看单元篇章页,单元学习的主题——(阅读要有一定的速度)。

2. 交流单元学习看法。

师：为什么我们要学习以较快的速度阅读呢？

预设

生1：进入五年级，我们要阅读更多文章，课文也变长了，需要加快速度；

生2：在三、四年级，我们已经学习了一些方法，运用这些方法，能帮助我们提高阅读的速度。

师：阅读是掌握知识的基础，80％的信息是阅读获取的，提高阅读速度，是高年级学习的重点，能帮助我们读得快、记得牢、理解好。

（二）通览提速方法

1. 引导发现：（出示）这是四篇课文导语，仔细读一读，你发现了什么？

课文	课文导语
搭石	用较快的速度默读课文，记下所用的时间。读的时候集中注意力，遇到不懂的词语不要停下来，不要回读
将相和	用较快的速度默读课文，记下所用的时间。尽量连词成句地读，不要一个字一个字地读
什么比猎豹的速度更快	借助关键词句，用较快的速度默读课文，记下所用的时间
冀中地道战	带着问题，用较快的速度默读课文，记下所用的时间

预设：

生1：每一课都要求用较快的速度默读课文，阅读时记下所用的时间。

生2：我还发现导语告诉我们提高阅读速度的一些方法。

2. 思考交流：为什么都要求用较快的速度默读，记下所用的时间？

教师小结：计时读可以帮助我们测量、调整阅读速度，这是提高速度的好方法。导语还提示我们哪些方法呢？

3. 梳理方法：完成"学评单"任务一练习1，填写思维导图。

"提高阅读速度"学评单

及时当勉励，岁月不待人。
提高阅读速度，让我们读得快、理解好。

学习任务一	评价
1. 理一理：默读单元的课文导语、课后练习、字词句运用，我能梳理提高阅读速度的方法。 计时读　提高阅读速度 2. 列一列：我的提速计划 （1）提速行动计划：阅读文章（　　）字，我尝试运用（　　）提速方法，实际用时（　　）分钟。 （2）记录阅读速度： 速度（字/分钟）　阅读速度记录表 500 400 300 200 100 0 1　2　3　4　5　6　7　8　9　10　11　12　13　14　15　阅读次数	2. 自评 ☺ 我能运用方法，提高阅读速度； ☺ 我能以较快速度读懂课文内容。

活动2：列一列，提速计划

1. 制定提速行动计划：上次我读了（　　）分钟；我设定本次阅读的时间为（　　）分钟；尝试运用（　　）提速方法。

2. 制作阅读速度记录表：在任务二"我能读得有效率"，学生根据自己的阅读速度，以点标记"速度记录表"每次阅读的速度。

3. 绘制阅读提速轨迹：一段时间之后，完成"阅读速度记录表"的连点成线。从提速轨迹中，真切体验阅读提速的成就感。

任务二：我能读得有效率

活动3：学一学，散文速读（《搭石》2课时）

（一）计时默读，关注效率

1. 记录默读时间：请大家快速默读课文《搭石》，读完之后根据屏幕上计时，记下你所用的时间，在任务一的速度记录表中标记。（学生快速默读）

2. 检测阅读成效：完成学习单任务二的第1题；自评。

学习任务二	评价
1. 根据课文内容判断对错。 　（1）每年汛期，山洪暴发之后，家乡就会出现"搭石"。（　　） 　（2）两块大搭石之间的间隔一般在两尺左右。（　　） 　（3）"走搭石"与过桥不同，慢走搭石紧过桥。（　　） 　（4）走搭石，年轻人背老人过河，大家觉得不可思议。（　　）	1. 互评 ☺ 2分30秒内读完； ☺三道题选择正确。

2. 分享阅读体会：有的同学读得快，但理解得不够准确，提取信息不全面；有的同学读得慢，但理解较准确，信息提取也较全面等。

教师导学：有阅读研究学者提出阅读效果的公式为效率＝速度×理解率。看来，提高阅读的速度，不能只追求速度，速度和理解都很重要。

3. 分析慢读原因：是否集中注意力，是否逗留读、回读？

（二）学习方法，初读感知

1. 聚焦提速方法。

师：请同学们阅读课后练习1中学习伙伴对话，结合自己的阅读经历，说一说集中注意力、不回读的方法。

预设：

生1：我喜欢一边读一边思考。

生2：我会用笔圈画出重要的信息。

师：同学们的方法真不少，大家试过"不回读"的方法吗？读读课前导语和课后习题小伙伴的对话，你能找到"不回读"的方法吗？

生3：遇到不懂的词句，跳过去往下读，能把握主要意思就可以。

师：遇到不懂的字词，只要不影响我们理解课文内容，可以不逗留，不回看，跳过去往下读。这些不理解的字词，是不是就不用管了呢？

生1：读到后边，我们可能就理解了它的意思。

生2：还可以读完以后查字典。

小结：读书的时候集中注意力，遇到不懂的词句，不停留，不回读，这些方法能帮助我们提高阅读的速度。

2. 初练提速方法。

师：（出示学习任务二第2题）让我们试着用这些方法快速默读课文，边读边思考："搭石，构成了家乡的一道风景。"课文围绕这句话，写了哪几幅画面，请用简洁的语句填写在方框中。

学习任务二	评价
2. 用较快的速度默读课文，完成练习。 搭石，构成了家乡的一道风景。 （　　）搭石　　（　　）搭石　　（　　）搭石 （　　　）　（　　　）　（　　　） 搭石联结着故乡的小路，也联结着乡亲们美好的感情。	2. 互评 ☺ 2 分 30 秒 内 读完； ☺ 答题正确。

（1）教师出示白板的计时工具，学生制定阅读提速计划：尝试运用（　　）提速方法，实际用时（　　）分钟。

（2）讨论交流阅读用时和读懂的画面。

记录用时，互评默读时间和理解的准确性。

教师相机板书：摆、找、走

（三）再练提速方法，品悟美好

1. 师：真了不起，同学们第一次用较快的速度默读，我们读懂了课文主要内容，现在进行第二次默读，（出示学习任务二第2题）思考：在这乡下很常见、平整方正的石头构成的风景中，你印象最深的是哪幅画面？默读课文，圈画关键的词句，在括号中填写体会到的情感。

2. 讨论交流，预设。

生1：从"平整方正的石头""按照二尺左右的间隔"等词句，我体会到这是为了方便人过河。

生2：从"早早地将搭石摆放好""无论……只要……一定……直到满意……"等词句，我从摆搭石画面中，体会到了乡亲们为他人着想的品质。

生3：从"协调有序""像轻快的音乐""人影绰绰"等词句，我觉得乡亲们过搭石时，很和谐，很美。

生4：从"理所当然"，联系上下文，乡亲们认为方便、善待别人的情是理所当然的，体会到乡亲们的美好情感。

......

（四）三练提速方法，质疑问难

1. 经过两次默读我们读懂了课文的主要内容，第三次快速默读，用自己觉得合适的速度默读，边读边批注课文你的疑问。

2. 交流、解决疑问。

（1）结合字词意思的问题，自主识字学习

教师导学：易错字——隔，右部"鬲"字下方是一横；懒、衡，左中右结构，写匀称；汛、访、挽、稳，左窄右宽。

（2）结合难懂的句子意思，体会美好情感。

活动4：练一练，故事速读（《将相和》2课时）

（一）学扩视法，提高速度

1. 扩视游戏，连词成句。

（逐行出示）你一眼能看清几个词？

一眼一词：秦国

一眼二词：秦国　国君

一眼多词：秦国的国君　历来不守信用

一眼一句：秦国的国君历来不守信用，我怕有负赵王所托。

2. 交流体会，明晰方法。

预设：

生1：我刚才从一眼看清一个词到一句话，一眼看到的内容越来越多了。

生2：通过练习，我发现自己能一眼看到和记住多个词语、句子，我能在更短的时间里看清更多信息。

小结：像这样"连词成句地读"，增加一眼看到内容的范围，能提高我们阅读的速度，这是"扩视法"。

（二）学习方法，初读课文

146　指向语文要素的教学与实践

1. 初试方法，整体感知。

运用学过的速读方法，阅读课文，完成学习任务二第3、4题。

学习任务二	评价
3. 提速行动：阅读文章约1600字，我运用（　　）提速方法，实际用时（　　）分钟。 4. 根据课文内容，判断正误 　　（1）战国时候，秦国最强，常常侵犯别的国家。（　　） 　　（2）秦王要拿十座城来和赵国换和氏璧，不换的话，就要攻打赵国。（　　） 　　（3）蔺相如觉得秦王不会信守承诺，自己带着和氏璧，抄小路先回赵国去了。（　　） 　　（4）渑池会上，赵王要秦王击缶，否则蔺相如就要和秦王同归于尽。（　　） 　　（5）蔺相如在渑池会上又立了功，赵王封他为上卿，职位比廉颇还高。（　　） 　　（6）从此以后，廉颇和蔺相如成了好朋友，同心协力保卫赵国。（　　）	自评 ☺ 2分30秒内读完； ☺ 至少四道题答题正确。

2. 分享方法，梳理脉络。

预设：

生1：我运用不回读的方法，集中注意力往下读，用了5分30秒读完课文。知道了"将"指的是廉颇，"相"指的是蔺相如。

生2：我运用"扩视法"，连词成句地读，用时大约5分钟，知道了蔺相如立了大功，被封为上卿，职位比廉颇高，廉颇不服气，跟他闹不和。

生3：我用了不回读和"扩视法"，知道了廉颇负荆请罪，跟蔺相如和好了。

教师小结：课文大约 1600 字，用时应少于 6 分钟，灵活运用不回读和扩视法，我们不仅能以较快的速度默读，还更好地了解了课文主要内容。

（三）练习方法，感悟形象

蔺相如、廉颇给你留下了怎样的印象？结合具体事例说一说。

1. 练扩视法，读"完璧归赵"。

（1）带着问题，读故事—"完璧归赵"课文第 8、第 9 自然段，画出蔺相如说的话。

（2）练习扩视法，速读人物语言

出示第一句：这块璧有点儿小毛病，让我指给您看。生练习一眼读了多少内容。预设：

生 1：我一眼三个字。

生 2：我一眼一句。

师根据学生看到的字词，用连接线标记：

这块璧有点儿小毛病，让我指给您看。

这块璧有点儿小毛病，让我指给您看。

师：阅读时连词成句，一眼一句，甚至一眼一行，能提高阅读的速读和效率。请同学们继续连词成句地阅读人物的语言，体会人物的形象。

（3）交流体会，理解形象

预设：

生 1：从第 1 句话我体会到蔺相如的机智，当他看出秦王没有以城换璧的意思，用借口从秦王手上要回璧。

生 2：从第 2 句话中，他用与和氏璧同归于尽威胁秦王，真是机智勇敢。

生 3：第 3 句话看出他有勇有谋，假借举行典礼拖延时间，将璧悄悄送回国。

指向语文要素的教学与实践

生 4：从第 4 句话，我读懂蔺相如用计从秦国全身而退，智慧超群，令人佩服。

2．用扩视法，读"渑池之会""负荆请罪"。

练读故事二、三，交流人物印象。

（四）对比计时，检验成效

学生绘制提速记录表，对比自己的阅读用时，是否逐步读得快，读得懂。

师小结：将学到的提速方法运用到阅读中去，熟能生巧，让阅读变得有效。

活动 5：用一用，说明文速读（《什么比猎豹的速度更快》2 课时）

（一）激趣导读，明确目标

1．联结生活：（板书：速度）同学们，你们了解哪些事物的速度快？

教师引导：2023 年 5 月、10 月我国计划发射神舟十六号、十七号载人飞船，神舟飞船的速度每秒 7.68 公里，每小时 2.8 万公里，90 分钟绕地球一周，这是让世界惊叹的中国速度。

2．明确目标：我们继续围绕语文要素"学习提高阅读速度的方法"，学习介绍"速度"的文章——《什么比猎豹的速度更快》。（将课题补充完整）

（二）借关键词句，把握大意

1．师：让我们用较快的速度默读课文，圈画出哪些事物比猎豹速度快。计时、思考用了哪些提高阅读速度的方法。

预设：

生 1：我用不回读和扩视法，计时 2 分 36 秒。

生 2：我用了 1 分钟 10 秒，我发现基本上每个自然段都介绍了一种事物，这个事物就是关键词。我读的时候，一眼多行，集中注意力，寻找事物名称的关键词。

师：你能根据题目的"什么"，抓住文中的关键词帮助自己以较快的速度阅读。（出示导读提示）让我们也学习借助关键词句，以较快的速度默读课文，记录时间，并完成学习任务二的第4、第5题。

学习任务二	评价
4. 读一读，填一填：请根据课文内容，按运动速度的快慢给下列的事物排序，照样子填写序号。 光 游隼 火箭 猎豹 人 流星体 鸵鸟 喷气式飞机 □ □ □ □ □ □ □ □ 5. 读一读，说一说：我从"＿＿＿"知道"＿＿＿"的速度。	互评 ☺ 2 分钟内读完； ☺ 找 准 关键句。

师：和单元第一次计时阅读的速度相比，有进步吗？同桌交流排序的理由，互评排得是否正确。

选择花费时间少，能正确排序的学生交流：说说自己用时，如何找到关键词语的。学生回答交流，预设：

生1：我发现每个自然段讲的都是一个事物比另一个事物速度更快。

生2：我从第3自然段的第一句话，知道这个自然段讲的是猎豹比鸵鸟的速度快。

师：通过刚才的分享，我们发现了每个自然段都介绍了一种事物，都讲了一种事物比另一种事物的速度更快。借助这些关键语句，我们快速了解课文的内容，"关键词句"的出现有一定的规律，如每个自然段开头、中间或结尾处；了解课文表达上的特点，读得更快，还能帮助我们更准确地把握课文内容。

2. 回顾小结。

师：我们回顾一下，第一次默读的时候，我们先抓住了题目中的"什么"（板书：什么）这个关键词，再由"什么"这个关键词，抓住了每个段落中的关键词句（板书：关键词句），读懂课文内容，提高阅读速度。读科普类的文章可以用抓关键词句的方式提高阅读速度。这类文章的结构都差不多，可以注意标题，注意各自然段的联系。

（三）快速默读，预学带问题读

1. 师："学贵有疑"，你能提出不懂的问题吗？写在课后练习第三题下方。

学生自主提问，梳理出有价值的问题，运用"借助关键词句"的方法快速读文解决问题，尝试迁移运用。

生1："游隼是什么？还有比光更快的东西吗？为什么火箭的发动机停止后，还能继续工作呢？"

生2：作者为什么要以"什么比猎豹的速度更快"为题呢？

……

2. 结合学生质疑的问题，指导自主识字写字。

（四）迁移运用，一篇带一类

师：同学们，《什么比猎豹的速度更快》在罗伯特·E. 威尔斯的笔下是如此生动，充满着趣味。其实，罗伯特·E. 威尔斯还写了很多科普方面的书籍，同学们有兴趣的时候可以去阅读。（出示书的封面）他写了很多书，你最感兴趣的是哪一本？读一读书的名字。

生：《恐龙喝的水和今天的一样吗？》。

生：《怎样知道现在几点了？》。

生：《为什么北极熊的世界在融化》。

……

师：这些书的名字有什么特别之处？

生：书的名字是一个问题。

生：从题目上看，都是说明文。

师：是的，就像我们今天学的《什么比猎豹的速度更快》一样，直接提出了一个问题。这就是罗伯特·E. 威尔斯的书籍的独特之处，他通过一个个问题来引发我们的好奇心和求知欲。希望同学们能够喜欢上罗伯特·E. 威尔斯写的书籍，到他的书中去探寻科学的奥秘。

任务三：我能读得更多些

活动6：比一比，挑战速读"小达人"（《冀中地道战》2课时）

（一）学习带着问题读，初步感知

1. 尝试提出问题。

师：今天，我们再来学习一种新的提高阅读速度的方法，请大家读提示语。

生：带着问题，用较快的速度默读课文，记下所用的时间。

师：这个方法概括地说，就是带着问题读。

师：提问是四年级学习的阅读策略，我们可以从哪些角度提出问题呢？

生1：可以针对文章的题目、内容提出问题。

生2：我们还可以从写法和启示的角度提出问题。

师：今天，我们就通过《冀中地道战》一课来学习这种方法。（出示课题）看到课文题目，你想提出什么问题？

生交流：（1）"冀中"是什么意思？（2）地道战是怎样产生的？（3）地道是什么样子的？

2. 尝试带着问题读。

（1）出示学习提示

◇带着问题，用较快的速度默读课文，读完在课题旁记下阅读所用时间。

◇尝试解决提出的问题。

（2）计时结束，请读得快的三位学生依次交流用时与回答问题。

这是1200多字的文章，在4分钟内读完，都符合要求，是阅读"小达人"。老师想知道你们为什么能读得这么快。（指名分享读书经验，师相机板书）

师小结：看来不回读、连词成句读、抓关键词句读、带着问题读这些好方法明显提高了大家的阅读速度。

师：接下来，请同学们交流，你怎样尝试解决提出的问题。

生1：我知道地道战是怎么产生的，请大家看第2自然段，从"这就是地道战"关键句，联系上文"为了粉碎敌人的'扫荡'……新的斗争方式"，我们能读懂地道战产生的原因。

师：随着抗日战争进入相持阶段，日本侵略军妄想搞垮我们的人民武装，于是修筑了封锁沟、封锁墙和碉堡，这就是课文中说的"十里一碉，八里一堡"。

生2：我来回答地道是什么样子的，我从第四自然段第一句中心句"地道的式样有一百多种"知道这段话主要介绍地道的样式，我圈画了介绍地道结构的关键词"大洞""洞顶""小洞""气孔"。

师：这是介绍地道内部构造的，外部结构是怎样的？谁来补充？

生3：请看第2自然段，地道挖在广阔平原的地底下，不计其数，横的、竖的、直的、弯的，家家相连，村村相通。

生4：第一个问题"冀中"是什么意思，课文没有介绍。

师：联系上下文不能解决的问题，我们该怎么办？

生：查资料，请教他人。

师出示地图，学生观察地图理解，冀是河北的简称，冀中指河北中部。

师：现在我们一起来小结一下学习方法。

生1：看到课文题目，我产生了疑问：地道是什么样的？在地道里怎么打仗？带着这些问题读，我对课文内容理解得更快了，阅读的速度也快了。

师：同学们也有这样的体会吗？

生：我也是这样的，根据自己提出的问题，寻找关键语句，跳着阅读，加快了阅读速度。

教师小结：第一次运用提出问题读的方法，大家还能结合之前学习的借助关键词句、跳读等方法，了解了这么多信息，不简单。阅读时，带着能帮助理解课文的问题读课文，不仅帮助我们更好地读懂课文，也能提高我们阅读的速度。

（二）练习带着问题读，筛选问题

1. 提出有助于理解的问题。师：请大家以较快的速度，一边默读课文一边思考，先提出自己感兴趣的或不理解的一个问题。

师：现在请大家在小组内交流自己提出的新问题，一起梳理问题：有的问题不妨碍课文的学习，可以先忽略；有的问题需要到课后找资料解答，可以放一放；各小组挑选出有助于课文理解的最有价值的一个问题，写在问题条上，贴到黑板上。

学生张贴小组筛选出的有价值的问题：（1）人们是怎么抵挡敌人的进攻的呢？（2）地道里有哪些打击敌人的办法？（3）怎样防止地道的出口和入口被敌人发现？

2. 综合运用速读方法。

（1）师：请大家带着几个新问题，把单元学习的七种方法结合起来再次快速阅读课文，看这次用了多长时间，又能了解哪些新的信息。

（2）汇报交流。

3. 自主识字写字。

（三）聚焦"奇迹"默读，体会智慧

师：课文的结尾总结了"地道战在我国抗日战争史上留下了惊人的奇迹"，冀中的人民创造奇迹的关键是什么？请你带着问题，用较快的速度跳读，找到关键信息并批注。

生1：联系课文第2自然段的语句"为了粉碎敌人的'扫荡'，冀中人民在中国共产党的领导下，创造了新的战斗方式，这就是地道战"。我从中感受到中国共产党的领导是地道战获胜的关键。

生2：第7自然段最后一句话"为了打击敌人，什么办法都想出来了，人民的智慧是无穷无尽的"冀中人民的智慧也是地道战成为奇迹的关键因素。

（四）阶段评价，反思改进

1. 挑战"速读小达人"。

（1）读一读语文园地中的"交流平台"，圈一圈关键词，与小组同学交流一下本单元学习到的"提高阅读速度"的策略，然后写下来。

（2）阅读清少纳言写的《树木的花》，请你用上"提高阅读速度"的策略，计算阅读时间，完成练习。

2. 自我评价和激励。

学生自评后，师小结：在今后的阅读中，我们可以灵活选择和运用本单元学习的七种方法，也可以运用自己特有的好方法，不断提高自己的阅读速度，我们能读得更快、更多、更好。

（五）主动运用读更多

阅读速度和阅读理解要同步进行，让我们用这些方法，进行本学期整本书的阅读。

1. 制定自己的阅读计划。你准备用多长时间读完《中国民间故事》呢？让我们先来制定阅读计划吧：你的阅读速度？计划每天阅读多长时间？这本书大约多少字？计划读完这本书需要多少天？

2. 记录阅读时间和收获。

阅读民间故事，不仅能领略精彩动人的情节，还能认识形形色色的人物，我们一起读一读吧！

《中国民间故事》阅读记录卡		
篇目	阅读时间	阅读收获

第三节　导评：策略类要素的学业评价

阅读策略学习的评价同样需要围绕核心素养，紧扣学习主题，对照学业质量标准，注重评价的过程性、多元性和终结性。

一、评价嵌入全程

1. 一以贯之，过程性评价。

采用过程性评价，旨在指导教师改进教学，促进学生的阅读兴趣和改进学习方法。教师可以根据单元阅读目标，设计简单的表格作为过程性阅读能力的评价工具，采取学生自评、小组成员评价、教师评价的多维方式对阅读学习进行评价。

学前制订计划。例如，"提高阅读的速度"策略单元学习时，在单元任务一"我能读得快一些"中，设计了"列一列，提速计划"的学习活动，见表5－6，运用"提高阅读速度"学习评价单（简称"学评单"），引导学生每次阅读前，根据自己原有的阅读速度，制定提速行动计划，设定新的阅读任务的时间，选择适合的提速方法；阅读之后，能记录速度和绘制提速轨迹，体验提升速度、能力进阶的成就感。

学中监控调整。根据阅读策略的方法、能力、习惯等方面的要求，我们核心能力点，一以贯之地在学习过程中，通过多元的过程性评价，进行调控。再如，"提高阅读的速度"策略单元，在任务二"我能读得有效率"，我们根据本单元阅读策略的单元核心目标，把握评价的重点在于不仅关注速度，也需关注阅读理解的程度，即效率。因此，本单元每篇课文对应的学习活动三至活动五，都设计了两道速读练习和评价标准。速读习题和评价标准，都指向提高阅读的速度"每分钟能阅读约300字"和阅读理解的成效"能初步读懂课文主要内容"，通过持续的练习和评价，促进学生学习运用策略。

2. 学后进行，阶段性评价。

当学生一个阶段或学段的学习结束后，组织开展终结评价。以学生的学习作品为依据，评价学生核心素养的水平层级。教师可以设计阅读素养学习单，启发学生将运用策略阅读的具体路径或思维过程以文或图的方式呈现出来。还可以通过阅读素养检测工具，进行评价。

二、评价内容细化

根据本章节中，表5—1至表5—4阅读策略单元的"单元核心目标"和"学业水平"，细化为评价内容和标准，用以检测、观察学生在任务中表现出来的学习态度和学习成效。通常，可以设计和运用"学评单"来记录、评价学生在活动中的关键表现。评价时，指导学生通过自评、互评、教师评价等，及时改进方法，调整学习过程。

例如，五上"提高阅读速度"的单元"活动6：比一比，挑战速读小达人（《冀中地道战》2课时）"的教学。笔者设计了如下的评价表5—6，用于过程性学习评价。在本节课学习中，使用评价表进行反思、调控策略学习。

表5—6 "提高阅读速度"学习评价表

评价内容	自评结果
1. 经过学习，你喜欢运用方法提速吗？	☆
2. 比较计时，你能提升阅读的速度吗？	☆
3. 通过阅读，你能解决提出的问题吗？	☆☆
4. 用新方法，你能提升速度和理解吗？	☆☆
5. 回顾过程，你能总结或改进方法吗？	☆

师：看看学习单，回顾今天这堂课中你的阅读过程，完成学习单中的阅读评价表（见上表），然后谈谈你的阅读收获，或者给同学提提阅读建议。

生1：我带着问题"地道是怎么样的？"读课文，我选用了跳读法，跳过了无关的内容，阅读速度明显比第一次快了。

生 2：我觉得带着问题读，让阅读不仅有趣，而且理解更深入。一开始我的问题是"地道战发生在什么时间？"一读课文的开头，我就找到答案了；后来，我继续一边读一边思考，产生了新的问题"地道是怎么防御敌人的"？我集中注意力读，圈画出关键词，在解决这个有价值的问题时，我不禁佩服冀中人民的智慧。

利用评价表，引导学生从运用阅读策略的态度、比较监控每次阅读时长，以评价促进"有意运用"策略。重点评价能否在提速的同时解决问题，旨在以评价促进"提速和理解同步"。因此第 4、第 5 项内容，各设置两颗星。最后，再反思能否改进方法，进一步提升速度和理解。

比如在学习"提问"阅读策略时，教师可以设计"学评单"，从问题、角度、价值、表达、效果五个方面评价学生的提问情况，以评价引导学生的掌握策略。在学生独立阅读后，将自己提出的问题，写在便签贴上后，同桌同学根据评价量表进行互评。

三、评价工具有效

1. 阶段性评价即时调控。

在单元认知活动结束后，教师指导学生自评，总结元认知知识和元认知体验，习得元认知监控方法。小组成员互评，是引导学生根据上次自评的情况改进后，根据具体改进情况进行互相评价。为保持学生的阅读兴趣，教师引导评价时先说优点，再提不足及改进建议。最后，是在学生自评和小组互评后，教师综合进行阶段性评价。

师：请这四位同学自己评价一下刚才的阅读过程。

生 1：我读得太快了。

生 2：我刚才只想着快点读，速度争第一了。

生 3：我下次要读得更认真一些，再多思考一会儿。

师：请其余同学都来分享初次阅读的体会。

生 1：我觉得这三位同学的阅读时间是不准确的，课文要求的计时是在理解的基础上的。如果什么都没读懂，那等于没有读。

生2：我们在阅读时不能只求快，而要抓住问题，认真思考，到文章中去找答案。

师：对，提高阅读速度不等同于快速阅读，我们在阅读时要讲求速度，但是一定是要和理解同步的，这样的计时才是有意义的。

2. 终结性评价检测水平。

五上"提高阅读的速度"单元学习结束，我们设计了如下的终结性评价工具《阅读"小达人"挑战赛》。

阅读"小达人"挑战赛

同学们，在本单元的学习中，你一定掌握了不少提高阅读速度的方法。现在请你参加我们班的阅读"小达人"竞赛吧，让我们读得快，读得懂，读得多！

1. 读一读语文园地中的"交流平台"，圈一圈关键词，和你的伙伴交流一下本单元学习到的"提高阅读速度"策略的方法，然后写在横线上。（☆☆）

_____

2. 阅读《树木的花》，请你用上"提高阅读速度"的策略，计算阅读时间，完成练习。

树木的花

［日］清少纳言　著　周作人　译

树木的花是梅花，不论是浓的淡的，红梅最好。樱花是花瓣大，叶色浓，树枝细，开着花很有意思。藤花是花房长垂，颜色美丽的开着为佳。水晶花的品格比较低，没有什么可取，但开的时节很是好玩，而且听说有子规躲在树阴里，所以很有意思。在贺茂祭的归途，紫野附近一带贫陋的民家，杂木茂生的墙边，看见有一片雪白的开着，很是有趣。好像是青色里衣的上面，穿着白色单袭的样子，正像青柘叶的衣裳，非常的有意思。

从四月末到五月初旬的时节，橘树的叶子浓青，花色纯白的开着，早晨刚下着雨，这个景致真是世间无可比拟得了。从花里边，果实像黄金的球似的显露出来，这样子并不下于为朝露所湿的樱花。而且橘花又说是与子规有关，不必进一步称赞了。

梨花是很扫兴的东西，近在眼前，平常也没有添在信外寄去的，所以人家看见有些没有一点妩媚的颜面，便拿这花相比，的确是从花的颜色来说，是没有趣味的。但是在唐土却将它当作了不得的好，做了好些诗文讲它的，那么这也必有道理吧。勉强注意看去，在那花瓣的尖端，有一点有趣的颜色，若有若无地存在着。说杨贵妃对着玄宗皇帝的使者说她哭时的脸庞是"梨花一枝春带雨"，似乎不是随便说的。那么这也是很好的花，是别的花木所不能比拟的吧。

梧桐的花开着紫色的花，也是很有意思的，但是那叶子很大而宽，样子不很好看，但是这与其他别的树木是不能并论的。在唐土说是特别有名的凤凰，要来停在这树上面，所以这也是与众不同。况且又可以做琴，弹出各种的声音来，像世间那样只说它有意思，实在不够，还应该说是极好的。

楝树的样子虽然很难看，楝树的花却是很有意思的。像是枯槁了似的，开着很别致的花，而且一定开在端午节的前后，这也是很有意思的事。

《一世珍藏的美文 130 篇（陈国恩 主编）》

（1）本文约 700 个字，我的阅读时间约为＿＿＿＿＿＿分钟。　（☆☆）

（2）作者认为梧桐花是极好的，以下不属于这样说的理由是（　　）　　　　　　　　　　　　　　　　　　　　　　　（☆☆）

A. 开着紫色的花，很有意思。

B. 叶子宽大，样子很是好看。

C. 与凤凰传说有关，与众不同。

D. 可以做琴，弹出各种声音。

指向语文要素的教学与实践

（3）文章中写了哪些树木的花？在作者眼中它们的共同点是什么？

（☆☆）

《课程标准（2022 年版）》明确了促进核心素养发展的评价理念、评价方式，倡导课程评价的过程性和整体性，重视评价的导向作用。因此教师准确理解和把握素养的进阶，制定并用好"策略类"语文要素的评价工具，促进教—学—评一体，发展学生的语文核心素养。

第六章

文体类"要素导向"的设计与实践

"文无体不立",阅读离开了文体,必定是不得要领的。不同文体的文章在结构形式和语言表达上存在较大的差异,教学方法也就不尽相同,文体也是语文教学的关键因素。《课程标准(2022 年版)》、统编教科书,彰显了文体意识。在总目标的指导下,《课程标准(2022 年版)》按照不同的学段目标,对不同文体的教学提出了明确要求。统编教科书选文的文体多样,除了说明文、记叙文、议论文等实用文体,还安排了诗歌、散文、小说、文言文等文学性文体;在第二、第三学段的每一册教材中,都安排了文体单元。这些都渗透着"识体而教""依体而学""据体而评"的阅读教学理念,有利于发挥文体类要素的教—学—评导向作用。

第一节 导教:文体类要素的教学解读

余映潮认为:学生如果不了解文体的知识,就没有掌握阅读和写作各类文章的抓手。如何依据文体特点设计教学?王荣生教授提出:"阅读是一种文体思维,不管在哪一种体裁下的作品,都应该用对应体裁的方法去阅读和品味,比如用文学欣赏的方式去品读文学作品。"彰显文体的教学意义和价值,教学解读需要融入文体意识,解读不同文体教学的方法、重难点，识体而教，发挥文体类语文要素的导教作用。

一、文体类要素的定义内涵

1. 文体。

文体是文章的体裁样式，具体表现为文章在结构形式和语言形态上的样式。文体不同，作品的风格就各具特色。文体种类的划分方法多样，统编教科书的选文和《课程标准（2022年版）》学段要求阅读的文体为童话、寓言、故事、诗歌（童谣、古诗、儿童诗、现代诗）、说明文、散文、小说、戏剧、议论文等。

2. 文体意识。

文体意识，即在阅读与写作的实践中，人们对不同文章体裁的理解、感悟以及对读写实践的反思认识。文体意识影响并决定读写的成效，具有导向性、主体性。

3. 文体要素导向教学。

文体要素导向教学，教师关注语文要素有关文体的阅读方法，按照一定的文体特点进行教学，在教学解读和设计、实施和评价过程中体现文体意识，根据课文不同文体的类型，确定不同的教学目标，明确不同的教学重点，采用不同的教学方法，从而让学生初步感受和了解文体的基本特点，积累阅读经验，习得阅读技巧。如叙事性作品，引导学生关注作品中的场景、人物和细节，感受形象，体验情感，品味语言，表达自己的阅读感受；诗歌，则注重引领学生通过诵读理解诗句，展开想象，体会诗歌的意蕴；说明性作品，引导学生着重理解说明方法，品读、感悟重点词句的特点，了解全文的说明顺序和结构特点。

二、文体单元的认知理解

1. 文体的学段适切性。

《课程标准（2022年版）》重视文体意识。总目标第五条提出"学会运用多种阅读方法，具有独立阅读能力。能阅读日常的书报杂志，初步鉴赏文学作品，能借助工具书阅读浅易文言文"。要求对不同阅读材料，使用不同的阅读方法。这是从文体角度，对语言运用方面的核心素养的具体落点提出了要求。

同时，还针对年龄特点，在不同的学段提出阅读文体类别的要求。如第一学段要求阅读浅近的童话、寓言、故事，诵读儿歌、儿童诗和浅近的故事；第二学段要求阅读叙事性作品，诵读优秀诗文，学习阅读说明、叙写大自然的短文；第三学段阅读叙事性作品、诗歌、说明性文章、非连续性文本。

2. 文体的学段层级性。

总目标的第九条提出了"感受语言文字的美，感悟作品的思想内涵和艺术价值，能结合自己的经验，理解、欣赏和初步评价语言文字作品，丰富自己的情感体验和精神世界"。这是从文字和作品审美的角度，提出审美创造的核心素养的水平要求：感受—感悟—理解—欣赏—评价。

在学段要求的阅读与鉴赏、课程内容的组织与呈现方式部分提出具体进阶要求，学业质量描述部分对不同文体进行描述。我们梳理出文体类语文要素的评价框架见表6—1。评价框架的教学价值在于能指导我们根据不同层级，合理适度、科学有效地使用策略，展开文体类语文要素导向教学，达成教—学—评一致。

指向语文要素的教学与实践

表6-1 文体类语文要素的评价框架

学段	学段目标	学习内容（教学提示）	学业质量
第一	阅读浅近的童话、寓言、故事，向往美好的情境，关心自然和生命，对感兴趣的人物和事件有自己的感受和想法。诵读儿歌、儿童诗和浅近的古诗，展开想象，获得初步的情感体验，感受语言的优美	实用性阅读与交流：在评价中注意实用性阅读与表达的目的、对象、情境，以及交流效果，注意内容明确、条理清晰、语言简洁明了	喜欢阅读图画书、儿歌、童话、寓言……能根据提示提取显性信息，说出事物的特点，作简单推测，能复述，尝试提出问题……喜欢积累并尝试运用
第二	能复述叙事性作品的大意，初步感受作品中生动的形象和优美的语言，关心作品中人物的命运和喜怒哀乐。诵读优秀诗文，注意在诵读过程中体验情感，展开想象，领悟诗文大意	文学阅读与创意表达：第一学段侧重考查学生对作品情境、节奏和韵味的大体感受；第二学段侧重考查对重要句段的理解，对语言和形象的具体感受；第三、第四学段侧重考查对语言、形象、情感、主题的领悟程度和体验，评价文学作品的欣赏水平，关注创意表达能力	能预测情节发展，能解释、分析和评价人物；能发现并摘录优美词语、精彩句段 能诵读优秀诗文，尝试用不同的语气、语调表达理解与感受。主动阅读故事类叙事性作品，能讲述主要内容；能按照童话、寓言等文体样式，运用联想、想象续讲或续写故事
第三	阅读叙事性作品，了解事件梗概，能简单描述印象最深的场景、人物、细节，说出自己的感受；阅读诗歌，大体把握诗意，想象情境，体会情感。受到感染和激励，向往和追求美好的理想。阅读说明性文章，能抓住要点，了解基本说明方法。阅读简单的非连续性文本，能找出有价值的信息。能写简单的纪实作文和想象作文，内容具体，感情真实	思辨性阅读与表达：评价要关注现场表现，以及产生的文字、表格、统计图、思维导图等学习成果	独立阅读散文、小说、诗歌等文学作品，能发现不同类型文本的结构方式和语言特点，感受作品内容、表现形式上的不同

以诗歌教学为例，我们从文学阅读与创意表达任务群的教学提示，梳理出层级的进阶为：第一学段大体感受；第二学段理解、具体感受；第三学段领悟、体验、评价、欣赏、创造。

教学策略需紧密结合诵读、理解、积累、感悟、运用和欣赏进行。第一学段，注意停顿、语气和重音，读出感受；结合插图想象画面，说出诗句描绘的画面和自己的感受；结合感受说说诗的意思。第二学段，能借助查资料、抓关键语句、查注释等方法理解诗句意思；能联系上下文、结合生活经验等方法，体会诗歌表达的情感，诵读优秀诗文，尝试用不同的语气、语调表达理解与感受。第三学段，能大体把握诗意，想象情境，体会情感，受到感染和激励，向往和追求美好的理想，能发现不同诗歌的结构方式和语言特点，感受作品内容、表现形式上的不同。

三、文体单元的教学解读

儿童文学理论家刘绪源认为："文本解读之所以难以到位，就是因为对于文学的形式规范的漠视。"《课程标准（2022 年版）》和统编教科书提出的文体教学的要求和教学提示，需要教师"依标据本"，关注文体意识进行教学解读。把握文体的结构形式、语言形式的特点，进行文体要素学习的教学解读，分析文体学习起点、重点和难点，梳理教学关键，确定教学目标。

（一）瞻前顾后，把握教学关键

统编教科书的课文体裁丰富，除了随着普通阅读单元的课文学习文体知识，还集中安排了九个专题单元学习。三年级童话、寓言，四年级神话、科普文和现代诗，五年级民间故事、中国古典名著，六年级小说、外国名著。

我们根据统编教科书同类语文要素单元间的纵向联系，厘清要素的前后联系，把握文体知识的学情，定位文体类要素学习的起点、重点、难点三个关键点。运用单元内部横向联系，分析单元导语、课后习题、交流平台、词句段运用以及习作中渗透文体知识和阅读策略，纵横联系绘制"文体"要素全景图谱，进行单元整体的教学解读，引导学生能初步掌握文体的特点和阅读方法。其中寓言、神话、民间故事、中国古典名著、小说、外国名著等叙事性作品，在第三章概括类、体会类语文要素已有阐述，就不再赘述，而选取童话、诗歌、科普文进行教学解读。

1. 往回看，找起点。

（1）童话的学习起点。三上第三单元是首个童话文体单元，学生在一、二年级随文学习大量的童话选文，初步感知了童话的特点，但还未概括与总结文体的特点。

（2）诗歌的学习起点。诗歌是文学瑰宝，在统编教科书中选编了大量诗歌，体裁有古诗、儿童诗、现代诗。古诗、儿童诗分散在阅读单元，在学生积累了一定学习古诗、儿童诗的基础上，四下第三单元安排了现代诗文体单元学习。本单元的综合性学习"轻叩诗歌大门"，这是小学阶段第二次综合性学习，在三下"中华传统节日"综合性学习后，学生已经能够自由组成小组，能有目的地收集资料，能以多种方式记录资料，能简单整理资料，能以多种方式展示成果。

（3）说明文的学习起点。说明性文章，分为科普说明文和科技说明文。统编教科书四下第二单元选编了四篇科普文，五上第五单元是有关说明文的习作单元。在第一学段，学生已学了一部分以生动说明为主的科普文，主题大多是"关心自然和生命"。比如一下第六单元的《要下雨了》，二上第一单元《小蝌蚪找妈妈》《我是什么》《植物妈妈有办法》，学生在阅读中能根据提示提取文本的显性信息，通过关键词句说出事物的特点，作简单推测，能关心自然和生命，体会科学的乐趣。第二学段，增加科技说明文，题材更加广泛，包括历史文化、科学技术以及建筑艺术。如三下第三单元《纸的发明》《赵州桥》《一幅名扬中外的画》，第四单元《花钟》《蜜蜂》等，学生在阅读过程中能提取主要信息，根据阅读理解提出问题并与他人交流。

2. 看当前，定重点。

（1）童话的学习重点。三上第三单元语文要素为"感受童话丰富的想象"作为专题的文体单元，旨在引导学生感受童话丰富的想象，让学生初步建构童话体裁的相关知识，童话的特点富有想象、语言优美、拟人手法等，尝试运用根据内容展开想象的阅读方法。习作任务为"试着自己编童话，写童话"，属于文学性阅读与创意表达的任务群，体现了读写一体的学习理念。

（2）诗歌的学习重点。四下第三单元的语文要素"初步了解现代诗的一些特点，体会诗歌表达的情感""根据需要收集资料，初步学习整理资料的方法""合作编小诗集，举办诗歌朗诵会"。现代诗单元学习的重点在于：初步了解现代诗富有节奏、语言表述独特、包含情感等特点，引导学生感受诗歌的韵味和语言表达的特点，体会诗歌的情感。古诗学习的重点在于通过朗读、借助关键词句，体会诗歌的韵味，体会情感。

（3）说明文的学习重点。统编教科书四下第二单元选编了四篇与自然、科技有关的科普文，五上第五单元是有关说明文的习作单元。学习的重点不仅要求掌握说明文的文体特征，更强调说明文的实用性，能够将说明文知识运用到习作与表达上。

3. 朝前看，定难点。

（1）童话学习的难点。四下第八单元是第二次专题学习童话文体，语文要素"感受童话的奇妙，体会人物真善美的形象"，习作是"故事新编"，与三上的童话单元不同之处在于，不仅让学生感受童话想象的特点，还需重点体会童话人物真善美的形象，因此童话阅读的难点是"把握童话特点，体会人物的形象"；习作的难点为"能记住熟悉的故事展开丰富的想象，创编新故事"。

（2）诗歌的学习难点。古诗的语言凝练，意蕴丰富，教学的难点在于感受其语言、形象、情感等方面的独特魅力和思想内涵，领悟其中蕴含的文化，提升审美能力和审美品位。

（3）说明文的学习难点。在两个说明文文体单元的课后练习中，都设计了关注课文的语言表达特色的习题，如《琥珀》课后第4题将课文与科学《琥珀物语》改写的语段比较，体会课文表达的生动、形象。《课程标准（2022年版）》对第三学段说明文阅读及表达方面的学业质量描述为"能发现不同类型文本的结构方式和语言特点，感受作品内容、表现形式上的不同""能用准确的而语言清楚地介绍、说明事物或程序"。由此，我们认为感受说明文文本的结构方式和语言特点，感受内容、表现形式的不同，为第四学段的学习做好铺垫，是学习的难点。

（二）左顾右盼，梳理内容和目标

文体类要素单元学习的重点是什么？能力是如何进阶的？关注文体类要素教学单元内部的学习逻辑，结合课程标准的学段目标，确定教学内容和单元核心目标。接下来，我们对童话、诗歌、说明文文体类要素进行简析。

1. 童话。

童话是儿童文学的一种重要的文体样式，通过丰富的想象，以拟人、夸张、变形来编写适合儿童欣赏和接受的故事。统编教科书的童话编排呈现出由多到少、由浅入深、由单篇文本到主题单元的学段适切性。统编教科书的童话，集中在第一、第二学段，第三学段童话选材减少。第一学段21篇，第二学段13篇，其中7篇分别出现在三、四年级的童话文体单元，第三学段六下选编一篇小说童话《骑鹅旅行记（节选）》。

三上第三单元童话文体单元的语文要素"感受童话丰富的想象"；四下第八单元中外经典童话单元的语文要素"感受童话的奇妙，体会人物真善美的形象"。单元语文要素提示我们，童话类文体教学的重点是把握童话的文体特征，感受想象丰富，感悟语言优美，体会人物美好。

与其他单元的编写思路一致，教材搭建了在单元内部依照"精读—略读—课外阅读"三位一体的编排形式，培养学生的文体意识和阅读能力。单元分别安排了 2 篇至 3 篇精读课文，1 篇略读课文，课文选自"快乐读书吧"推荐的必读、选读的整本书。体现由篇到本，从篇到类的整本书阅读思路，凸显了课内学读—课外自读的阅读教学路径。

在童话文体单元教学时，我们还需以单元的语文要素为导向，遵循纵向与横向组织上的连续性、顺序性和整合性特点，进行单元整体教学，提升学生语文素养。见表 6－2 单元核心目标和评价标准，基于对单元内部组成的教学价值分析，结合《课程标准（2022 年版）》第二学段的学业质量描述，我们确定童话文体单元的三项核心目标，制定课文目标，梳理学业水平。

表 6－2　童话类文体单元核心目标和评价标准

单元及篇目	单元核心目标	评价标准
三上 3：《卖火柴的小女孩》《那一定会很好》《在牛肚子里的旅行》《一块奶酪》，快乐读书吧《在那奇妙的王国里》，习作《我来编童话》，交流平台	1. 默读课文，能了解主要内容，能对人物作简单的评价。2. 能展开想象，感受童话的奇妙，体会人物心情的变化。3. 能讲述《在牛肚子旅行》故事，能记住教材提示的内容，发挥想象，编写故事。4. 能结合自己的阅读体验，梳理、总结童话的特点及阅读童话的好处；产生课外阅读童话的兴趣，自主阅读 3 本童话	1. 能预测情节发展，能解释、分析和评价人物。2. 能理解重要句段，具体感受语言和形象；能发现并摘录优美词语、精彩句段。3. 主动阅读故事，能讲述主要内容；能按照童话的文体样式，运用联想、想象续讲或续写故事
四下 8：《宝葫芦的秘密（节选）》《巨人的花园》《海的女儿》，习作《故事新编》、交流平台	1. 能把握主要内容，感受童话的奇妙，体会人物真善美的形象；2. 能借助熟悉的故事内容展开想象，创编新故事；3. 能梳理、交流童话的特点	

　　　　指向语文要素的教学与实践

2. 诗歌。

统编教科书选编的诗歌的类型多样，有儿童诗、古诗词、现代诗等。儿童诗主要编排在一、二年级；四下第三单元为现代诗文体单元；统编教科书增加了古诗词的数量，分散在阅读单元中，从一年级起，每册教材的两个单元都各安排"古诗三首"或"古诗词三首"课文，六年级下册的最后编排了"古诗词诵读"。

诗歌文体单元四下第三单元，选编了不同作家、不同风格的四篇中外现代诗歌作品，单元的课文有选自冰心第一部诗集《繁星》的三首短诗、现代抒情诗人艾青的《绿》，还有苏联著名诗人叶赛宁的《白桦》以及中国现代派象征主义诗人戴望舒的《在天晴了的时候》。

这些诗歌以贴近儿童的"母亲""自然"为中心意象，情感真挚，想象丰富，语言形象生动，交流平台回顾和梳理了现代诗的基本文体特点，帮助学生初步了解现代诗的一些特点。课后练习、略读导语都提出了"以读为主"，通过朗读涵泳，感受诗歌的特点，体会诗情的方法。

整合教材和《课程标准（2022 年版）》第二学段提出"阅读与鉴赏"以及"梳理与探究"的要求，梳理了表 6-3 诗歌类文体单元的核心目标和评价标准。

表6-3　诗歌类文体单元核心目标和评价标准

单元及篇目	单元核心目标	评价标准
儿歌、古诗词	第一学段：诵读儿歌和浅近的古诗，展开想象，获得初步的情感体验，感受语言的优美。第二学段：阅读诗歌，大体把握诗意，想象诗歌描述的情境，体会作品的情感。诵读优秀诗文，注意通过语调、韵律、节奏等体味作品内容和情感。背诵优秀诗文。第三学段：诵读优秀诗文，把握语调和节奏，能够通过注释和想象，体味作品的内容和情感。背诵优秀诗文	1. 能诵读优秀诗文，尝试用不同的语气、语调表达理解与感受

单元及篇目	单元核心目标	评价标准
现代诗四下 3：《短诗三首》《绿》《白桦》《在天晴了的时候》，综合性学习活动《轻叩诗歌大门》、交流平台	1. 能通过朗读，体会诗歌的韵味，背诵指定的诗歌；2. 能借助关键词句，体会诗人的情感和诗歌的韵味；3. 能从多种途径收集喜欢的诗歌，举办诗歌朗诵会，试着写诗，通过合作编写诗集；4. 能初步体会、梳理、总结现代诗的一些特点	2. 能独立阅读诗歌，能发现诗歌的结构方式和语言特点，感受内容、表现形式的不同

3. 说明文。

统编教科书四下第二单元的语文要素"阅读是能提出不懂的问题，并试着解决"，这是对四上第二单元，"提问"策略的巩固，并提升"解决问题"的能力。四篇科普文有助于培养学生的科学兴趣。《琥珀》的课后习题复习"提问"语文要素，《飞向蓝天的恐龙》提出并梳理问题，《纳米技术就在我们身边》提出查资料解决问题的方法，交流平台总结了其他三种方法；课后习题还引导关注说明性文本的语言表达特色。

五上第五单元是说明文的习作单元，语文要素是"阅读简单的说明性文章，了解基本的说明方法"，集中学习不同类型的说明性文章，了解文体特点，并尝试写一篇说明文。科技说明文《太阳》，语言通俗易懂，运用了列数字、举例子、作比较等说明方法介绍太阳；科学小品文《松鼠》的语言生动形象，介绍了松鼠的外形、生活习性。课后习题与单元习作相关，体会说明方法的好处和不同表达特点。初试身手引导学生选择身边的事物，尝试运用学习到的说明方法，抓住特点介绍事物，单元学习的最终成果为完成说明性文本的习作。

表 6—4　说明类文体单元核心目标和评价标准

单元语文要素及篇目	单元核心目标	评价标准
四下 2 "阅读时能提出不懂的问题，并试着解决"：《琥珀》《飞向蓝天的恐龙》《纳米技术就在我们身边》《*千年梦圆在今朝》、口语交际"说新闻"交流平台、快乐读书吧	1. 能写下自己不懂的问题，并尝试通过查阅资料、联系上下文、联系生活、请教别人等方法解决问题，能梳理解决问题的方法。2. 了解说明性文本语言形象、生动或准确、严谨。3. 能讲述一则新闻，准确传达信息；能运用比较的方法，介绍一种事物；能清楚地介绍自己想发明的东西。4. 阅读整本科普读物，能提出问题并运用多种方法解决	1. 独立阅读说明性文章，能抓住要点，能初步体会说明性文章不同的语言风格；2. 初步了解基本说明方法，体会其表达上的好处；3. 能尝试运用说明方法，介绍一种事物
五上 5 "阅读简单的说明性文章，了解基本的说明方法"：《太阳》《松鼠》、交流平台与初试身手、习作例文与习作"介绍一种事物"	1. 初步了解列数字、作比较、举例子等基本说明方法，能结合课文语句体会其好处。2. 能初步体会说明性文章不同的语言风格；交流、总结说明性文章的特点，体会恰当使用说明方法的好处。3. 能尝试运用说明方法，分段介绍事物的不同方面，写清楚事物的主要特点	

第二节　导学：文体类要素的教学设计

学会一篇，认识一类，是语文教学的追求。教师基于文体要素教学解读，以课文文体为例，用文体特点统领课文教学，让学生在具体情境中，关注文体要素，关注文章的结构和语言，感受语言、形象、感情等独特魅力和思想内涵，提高语文素养。要素导向下文体学习的路径主要为：其一，立足单篇，依体而学，在混合文体的教学单元，学习文体知识，实践文体阅读；其二，由篇到类，触类旁通，在文体专题的教学单元，建构文体知识，掌握文体学法；其三，课外阅读，迁移运用，在快乐阅读吧的阅读实践，运用文体方法，发展文体思维。

一、童话类要素的教学策略

童话类文体教学的重点是把握童话的文体特征，感受想象丰富，感悟语言优美，体会人物美好。郑振铎先生在《儿童文学教授法》中说的"教师、学生与故事化在一起"。这指明了，童话教学最理想的体验就是师生进入童话，通过朗读、想象、创编，读出童话味，品出童话味，创出童话味，置身童话的想象中，欣赏童话的真善美。

1. 读出童话味。

童话的语言优美。读，是朴素的语文学习方式；读，是有效的童话学习策略。以二下第11课自述性童话《我是一只小虫子》教学为例，以语言为核心，设计了四大板块：默读，初识苦乐；趣读，感受苦乐；创读，体验苦乐；拓读，虫族故事。"漫读""细读"课文中的语言，以读贯穿教学全过程。

第一板块，学习语言，寻找明显信息的能力。默读检索文中带有"一只小虫子"的四句话，将文本隐藏着的结构显露出来；四句"句子链"，巧妙地链接了涵盖字、词、句、段、篇的初读。第二板块"趣读，感受苦乐"环节，学生沉思静读童话，通过全班朗读、想象、感悟童话中虫子有意思的生活。第三板块"创读，体验苦乐"，孩子们尽兴分享读童话，朗读、默读，让孩子们以声传情、获取信息，催生思考，与人分享。正因为读得充分，读得扎实，学生自读自悟出了童话蕴含着的美好、乐观的生活态度。

2. 想出童话味。

童话的想象奇妙。想象，是儿童喜爱的感受方式；想象，是天然的童话学习策略。《我是一只小虫子》的教学板块二"趣读，感受苦乐"，根据童话自述特点，创设情境："昆虫总动员，我们都变小变小，小蚂蚁、小天牛、小螳螂们，我们一起去体验小虫子的生活吧!"引导抓重点词，边读边想象，感受小虫子有趣的生活。阅读时感受童话的想象，感受童话的奇妙;展开想象的同时获得初步的情感体验。

板块三"创读，体验苦乐"，由"免费"一词想象说话，小虫子还会去做哪些有意思的事?落实单元教学重点"运用学到的词语把想象的内容写下来"，这样以想象与创造、感悟与表达为主的语文实践活动，发展了学生的形象思维、语用能力和审美体验。

3. 说出童话味。

童话是从民间口述文学发展而来的，欣赏与传播应作为童话教学的应有策略。《课程标准（2022 年版）》在第二学段阅读教学目标中提出"能复述叙事性作品的大意，初步感受作品中生动的形象和优美的语言，关心作品中人物的命运和喜怒哀乐，与他人交流自己的阅读感受"。复述是内化作品语言的过程，也是阅读与交流，思维与表达的过程。因此，童话文本的课后练习，通常安排了复述故事练习。

我们在教学中重视复述练习，利用关键句、示意图、提示图、情节图、表格等支架，引导学生利用多种方法复述故事，落实复述的学段要求，把内部语言转化为口头语言，运用语言表达感受，提高学生运用语言的能力。

二、说明类要素的教学策略

说明文属于实用性文体，以说明白为主，语言严谨、科学和准确。说明文属于实用性阅读与交流任务群，需紧扣"实用性"特点，引导学生阅读、观察，获取、整合有价值的信息，根据情境和任务，清楚得体表达，有效传递信息。

1. 提取关键信息，梳理"说明白"的顺序。

说明文的行文线索清晰，结构层级分明。关注篇章结构，提取关键信息，有助于读懂内容，了解说明对象的特点，同时学习有条理地表达。

例如，《太阳》一文按事物的内部逻辑联系来介绍太阳。第一部分（第1至第3自然段）介绍太阳远、大、热的特点，第二部分（第4至第8自然段）将太阳和人类的密切关系说明白，第4自然段的第1句话"太阳虽然离我们很远很远……非常密切"承上启下连接课文两部分。教学时结合课后第一题，引导学生逐段从文本中提取信息，借助思维导图，并进行梳理、归纳。再如，《松鼠》一文结构为总分式，在进行教学时，通过引导学生总结发现课文结构，总结构段规律，通过找中心句和中心段来快速把握事物特征，理清脉络，建构说明类文体的知识框架。

2. 关注表达效果，学习"说明白"的方法。

说明文要学习作者如何将事物"说明白"的，也就是引导学生在语言的品位、对比中，感受说明方法的特征和表达效果，并能够运用。在教学《太阳》时，学生回顾之前学习的说明方法后，引导默读课文，合作完成学习任务二，通过"找出、批注、梳理"等语文实践，理解、归纳说明方法及其表达作用。学习任务三，还设计了小练笔，试着选用有价值的资料，运用说明方法介绍太阳，在言语实践中才能提高学生的语用能力。

3. 品味语言文字，体会"说明白"的风格。

说明文是一种实用文体，语言严谨平实，具有准确性、科学性，文艺性说明文语言生动形象、活泼有趣。可以结合说明方法的表达效果，引导学生感知说明文的语言风格。

在《太阳》教学中，结合文本通过列数字的方法突出太阳离地球远的句子，将经过改编语意模糊的句子与文中的句子对比，感受说明文语言准确、具体、具有说服力，抓住文中表示猜测的词语如"差不多""二十几""约""左右"来感受说明文语言的严谨性。学习了科学小品文《松鼠》后，结合课后第二题，对比两篇课文，感受说明性文章不同的语言风格，引导学生了解，在日常实用性阅读中，说明书类文本能提供准确的信息，帮助我们获取知识，说明文的语言既可以如《太阳》一样平实，也可以像《松鼠》一般生动，还可以似《百科全书》一样简洁明了。

三、诗词类要素的教学策略

统编教科书选编了约 120 首古诗词，接下来，我们谈谈古诗词的教学策略。

古诗词历久弥新，照亮了民族文化长廊，滋养了一代又一代读书人。钱正权老师说"古诗教学只讲意思是最没意思的"。那么，古诗教学除了"讲意思"，还应当怎么教？《课程标准（2022 版）》对小学三个学段的教学目标：第一学段展开想象，获得初步的情感体验，感受语言的优美；第二学段注意在诵读过程中体验情感，展开想象，领悟诗文大意；第三学段大体把握诗意，想象诗歌描述的情境，体会作品的情感。可见，感受语言，领悟大意，想象情境，体会情感是古诗教学的必由之路。

美学家、文艺理论家朱光潜先生说："诗人的本领就在于见出常人所不能见，读诗的用处就在随着诗人所指点的方向，见出我们所不能见。"基于语文核心素养，"诗人所指点的方向"就是诗词的文字、意象、意蕴；"所不能见"即是藏在诗词文字中的语言、思维素养，意象中的审美素养、意蕴中的文化心态。在语文核心素养视野下，我们循着"诗人所指点的方向"，在文字、意象、意蕴中，追寻语言、思维、审美、文化素养的提升。

1. 文字中发展语言、思维素养。

语言是文化的载体，文化影响着语言。古诗词的字句蕴涵丰富的文化、沉积厚重的历史，孤立地解读文字，往往无法深入文本，也造成误读诗词。教学四下第 21 课古诗《夏日绝句》，引导学生关注人物事件，选取本诗的重点字词"项羽、人杰、鬼雄"三个典故，运用联结策略，立足诗文，借助诗外（资料）整体参读三个典故，了解诗人和项羽的两段历史,一种情怀。正确理解诗中意、诗外意,从而读懂典故的信息,领会典故含义,了解其中诗人在典故中所蕴含的借古讽今的意义。

第二板块古今对对碰,结合学生对重点词"不肯"的理解,引导学生辨析评价能换成"不想、不愿、不去……"学生读懂了在李清照眼中,不肯过江东的项羽,生是人杰,死为鬼雄,是顶天立地的英雄。第三板块,借助语文园地七"字词句运用",用词语说体会,在理解的基础上,学生活用形容英雄精神的词语,培育语言素养。

2. 意象中培育文化、审美素养。

朱自清先生认为"经典训练的价值不在使用,而在文化",以文化人,培育传承与理解文化的素养,是古诗教学的重要任务。围绕单元的人文主题"天下兴亡,匹夫有责",体会诗中个人与国家民族共存亡的精神气概,也是《夏日绝句》学习的重点、难点。

如何突破难点?中国古诗词讲究"立象以尽意","象"包含人、事、景、物,"意"包含情、志、趣、理。意象承载诗人情感,同时也是我们读者触摸诗人情感的必由之路。我们依据这一文体特点突破难点,在第三板块,学生理解诗意后,引导学生质疑问难,聚焦诗眼"思项羽"的"思",为什么"思"?教学时联结诗人逃难时的时代背景资料,反复诵读陆游、文天祥等爱国诗人的名句,将项羽的英雄意象复现、叠合,充分激活静止的语言文字,感受诗人们伤国痛时、咏古讽今、报效祖国之意,让浓郁的文化在学生的内心沉淀、发酵……

3. 意蕴中统整、融合核心素养。

意蕴,中国人的哲学观、艺术观和人生观。《夏日绝句》的诗人李清照虽为巾帼,仅二十个字就把三个典故,三个人物事件写清楚,气势磅礴,折射出伟大的民族精神,对激励民族之志,产生了深远影响。

教学中,通过诵读,借注释资料,交流体会,在品味意蕴中,融合素养发展。反复吟咏,在抑扬顿挫的语调、和谐的韵律、鲜明的节奏中,体会音韵之美,培育审美;低声涵泳"至今思项羽,不肯过江东"

建构运用语言；口诵心惟"生当作人杰，死亦为鬼雄"，提升思维；静思默写，把家国情怀，融入自己的血脉……

四、教学案例

1. 童话教学案例——二年级下册第 11 课。

《我是一只小虫子》教学设计

【教材简析】

这是一篇知识性童话，从小虫子的视角观察世界，感受生活，想象丰富而独特。运用拟人的描写，让读者在不知不觉中走进小虫子的世界，与小虫子一同感受生活的苦与乐。课文语言充满童味，结构清晰，以"当一只小虫子好不好"的设问开头，然后描述了当一只小虫子的"不好"与"真不错"，最后以"我喜欢当一只小虫子"总结全文，照应开头，表达了"我"对生活的热爱。

【教学目标】

1. 认识"屁、股"等生字，读准多音字"泡"，会写"屁、尿、屎"等生字；发现"月"字作偏旁时的表意特点。

2. 朗读课文，抓重点词，边读边想象，感受小虫子有趣的生活，与同学交流感兴趣的部分，感受乐观积极的生活态度。

3. 用生词"免费"展开想象，练习说话，体会童话的趣味。

【教学重点】边读边想象，体会、交流小虫子的乐趣。

【课时安排】2 课时

【教学过程】

板块一：默读，初识苦乐

一、初识小虫，谈话揭题

1. 出示课题：看——（贴图）一只小虫子来到了课堂上，让我们听听它的自我介绍。

2. 齐读课题：我是一只小虫子（引导：小虫子说话不拖拉，小斜线来帮忙，在这停一停，前后连起来）。

二、初读感知，识记生字

1. 默读故事，画线索句。

（1）默读，检索信息：当一只小虫子好不好？故事一开始就提出这个问题。让我们把书翻到 51 页，默读课文，请找出课文中带有"当一只小虫子"的四句话。

（2）比读，作出推论：四个小组读一读检索到的四句话，你发现了什么？

学情预设：小虫子们有的说"当一只小虫子一点都不好"，有的说"还真不错"。

导学要点：朗读四句话，从"好不好""一点儿都不好""还真不错"读出两种完全不同的感受。我们发现了故事的秘密：小虫子看待自己的生活的两种不同的观点，有的认为——，有的认为——，多有意思呀！

（3）整合，交流感受：当我们读书有了新发现，可以停下来，交流一下：有什么问题或者想说的。

2. 诵读儿歌，识记生字。

（1）读：让我们通过读书，解开一个个的小问号。老师把课文中小虫子的生活编成了儿歌。你和同桌一块读一读，读准生字词。

读着读着，同学们忍不住笑了。把你觉得有意思的句子大声读出来。小虫子有意思的生活，咱们还可以这样拍着掌，和着节奏读。

（2）贴：理解"屁股""昏头昏脑"，贴到黑板小虫板画对应的位置；整体感知，读书思考"不好""不错"的经历，归类，贴到相应位置。小虫子丰富有趣的生活，哪些在"我"的伙伴们看来是"不好"的，哪些是"我"认为"不错"的。请对照课文来把它们送回家，其他同学当评委对照课文，看看送得对不对；对照故事，评价信息归类是否正确。

（3）串：循线索句，梳理课文脉络。这四句，把不"好"和"不错"的经历串成一个有意思的故事，再读读四句话。

板块二：趣读，感受苦乐

一、趣读课文，感受虫苦

1. 创设情境，趣味朗读。

你了解，人类已经知道的昆虫有多少种？太少了，少了，是呀，100多万种。在花丛中，草丛里，到处都有它们的身影。咱们来一次昆虫总动员，我们都变小变小，小蚂蚁、小天牛、小螳螂们，我们一起去体验小虫子的生活吧！

2. 抓重点词，想象交流。

（1）默读第2段，圈出词语你们觉得不好的语句，标注序号。我的小伙伴都不愿意当一只小虫子。因为：交流几种不好的。师生合作读。老师读红色部分，学生读黑色部分。

（2）抓重点词句，想象交流。朗读课文，边读边想象，试着用自己的话说。

句子1刺痛：小蚂蚱们，我们蹦蹦跳跳的时候，一定要看准方向，不然——（个别读）屁股会被苍耳刺痛的；评价：小蚂蚱你在草地上蹦蹦跳跳，一不小心，哎呀，被苍耳刺到了。一根刺，两根刺，三根刺，十根刺……呀，摸摸你的屁股都是刺，女生们，疼吗？读——，男生们疼吗——读，所以屁股被苍耳刺痛的伙伴们会不开心地说，齐读"当一只虫子一点儿都不好"。

句子2昏头昏脑：伙伴们，继续往前跳，留神——留神，前面是水坑！谁掉下去啦？从很深的水里爬出来的时候，你现在感觉——课文中用哪个词来写？（昏头昏脑）你会说什么？被尿淹得昏头昏脑的伙伴们，会地说，齐读"当一只虫子一点儿都不好"。

句子3毛茸茸：孩子们都喜欢毛绒绒的小鸟，更可怕的"出示第三句"是毛茸茸的小鸟，为什么我们不喜欢他呢？他们有毛茸茸的羽毛，还有——（出示小鸟吃虫子的视频）所以，伙伴们胆战心惊地说"但我们小虫子没有谁会喜欢小鸟"。

3. 拓展想象，体验虫苦。

小虫子还会有哪些危险的经历？（根据动植物的生活习性合理想象）这些不好，都是因为什么带来的。（小虫子个头小）

二、品读课文，感受虫乐

1. 读3—7自然段，想象体验。

很多小伙伴都觉得当一只小虫子一点儿都不好。课文中的"我"却觉得当一只小虫子还真不错，质疑过渡：为什么"我"会这么想呢？请读第3—7自然段，用横线画出理由。

交流：

（1）理由一："早上醒来……把细长的触须擦得亮亮的。"

想象—朗读—体会清早的快乐：微风拂过，摇摇晃晃的草叶像什么？（像吊床，像摇篮）在这样的草叶上伸懒腰，你感觉怎样呢？（学生动作体验：在摇摇晃晃的草叶上伸懒腰，真是又好玩又享受。）

（2）理由二："如果能小心地跳到狗的身上……这可是免费的特快列车呀！"

想象—朗读—体会旅行的快乐：可能去哪里？怎么去呢？

学习"费"字：在很早的时候，贝壳是当作钱财来使用的。上部"弗"为"捆绑"的意思；右边是"丨"，表示用刀割开绳子。原来的意思是用刀割开捆绑贝壳的绳子，去买东西。所以"费"的本义是花钱购物。现在把花钱叫做消费，把不要钱的叫免费。

2. 说一说，感悟乐观。

（1）说一说：拥有这些小伙伴，你觉得好不好？可以读读课文找找依据，也可以自己想想理由。

（2）想一想：同学们在辩论中各抒己见，"我"是怎么想的？（"我有很多小伙伴，每一个都特别有意思。"这些小伙伴充满危险，"我"却觉得很有意思。你们觉得"我"是一只怎样的小虫子？（乐观）

指向语文要素的教学与实践

三、观察字形，正确书写

1. 字理识字，理解字义。

对照"屁""尿""屎"古今字形，明字义。

2. 发现规律，正确书写。

屎："尸"字头左上包围，"撇"画写舒展，横竖压中线；☆

尿：竖钩压在中线上，撇捺写舒展；☆☆

屁："比"字笔顺要记牢，一笔横，二笔竖提，三笔撇，四笔竖弯钩。☆☆☆

3. 偏旁表义，归类识字。

(1) 出示课后习题，拓展带月字旁的字。

(2) 播放微课：了解月字旁的表意特点。

板块三：想象，创意表达

想象说话：用词语"免费"展开想象，小虫子还会去做哪些有意思的事？这可是免费的什么呢？

板块四：拓展，虫族阅读

一位叫米罗的小朋友，她很想当虫子，每种虫子都很有意思，每天趴在草地上想象着自己是各种各样的小虫子。你们想认识她吗？让我们课后一起阅读绘本故事《想当虫子的米罗》。

附板书：

11. 我是一只虫子

一点儿都不好　　　　　　　　还真不错

小心跳，屁股疼　　　　　　　脸洗净，角擦亮

一泡尿，淹昏脑　　　　　　　早上醒，草叶晃

最怕毛茸茸的小鸟　　　　　　免费列车到处跑

螳螂贪，屎壳郎撞　　　　　　我在夜晚把歌唱

天牛大婶脾气坏

2. **说明文教学案例——五年级上册第21课。**

《太阳》教学设计

【教材分析】

《太阳》是统编版教材五年级上册习作单元中的第一篇精读课文。这是一篇标准、规范的说明文，全文分为两大部分。语言平实，通俗易懂，运用列数字、举例子、作比较等说明方法，介绍了太阳远、大、热的特点，说明太阳与人类有着非常密切的关系。

【教学目标】

1. 认识"摄、殖"等生字，会写"摄、氏"等生字，会写"寸草不生、摄氏度"等词语。

2. 默读课文，借助思维导图，了解"课文从哪些方面介绍了太阳以及它对人类的作用"，感受说明文表达的条理性。

3. 了解打比方、列数字、作比较、举例子等常用的说明方法和好处，尝试运用恰当的说明方法介绍事物的一个特点。

【教学重点】

了解如何运用说明方法将事物说"明白"，尝试运用说明方法介绍事物。

【课时安排】2 课时

【教学过程】

任务一：了解"说明白"的任务

1.（粘贴图片）看到这火红的太阳，你想起了哪些神话传说？

预设：后羿射日、夸父逐日、羲和传说

2. 远古时期，人们不了解太阳，依靠想象创作了这些神话故事。随着科技的进步，我们对太阳有哪些了解？

3. 像对太阳这样我们了解并感兴趣的事物，该怎么介绍呢？让我们随着课文的学习，争当三星解说员。首先，我们来听听叶圣陶先生是怎么说的。（齐读）说明文以"说明白了"为成功——叶圣陶。

4. 怎样才能"说明白了"？这是一个习作单元，咱们要从中去探寻作者的写作密码。

［设计意图：《课程标准（2022 年版）》在"实用性阅读与交流"教学提示指出"结合日常生活的真实情境进行教学"。回顾神话传说、交流太阳的信息，激活阅读与生活经验后，以本单元习作任务"如何介绍你了解并感兴趣的事物"驱动学习。］

任务二：梳理"说明白"的顺序

1. 预习检查。

（1）在语境中填写词语：太阳离我们有一亿五千万千米远。它看起来不大，但实际上一百三十万个地球的体积（　　）得上一个太阳。太阳是个大火球，表面温度有五千五百（　　）。太阳和人类关系非常密切，（　　）的生长、动物的（　　）、我们吃的（　　）、埋在地下的（　　）等都离不开太阳。太阳光还有（　　）的能力，人类可以利用它来（　　）和（　　）疾病。没有太阳，就我们可爱的世界。

（2）指导：抵得上　摄氏度　植物　繁殖　粮食　煤炭　杀菌　预防　治疗

读准字音，理解：摄氏度、殖的意思。

（3）学写"摄""粮""炭"字。交流书写要点"三看"：一看结构，二看宽窄高低；三看关键笔画，最后一笔"捺"写舒展。

2. 梳理顺序。

请默读课文，默读课文，想一想课文从哪些方面介绍了太阳，太阳对人类有哪些作用。借助学习单的思维导图，请你从文中找出关键词来概括。（关键词：远、大、热、关系密切）

学生展示学习单，介绍自己抓住了哪些关键语句，梳理太阳的信息。教师评价：是否把课文中关于太阳的信息梳理准确、完整。

3. 争当一星级解说员：借助思维导图，为同桌简要介绍太阳，互评。

教师小结引导：课文写了太阳的两个方面，一是特点，二是与人类关系密切，我们把作者的写作思路梳理清楚了，学习课文有条理地把事物"说明白"的写法。

（设计意图：借助思维导图，从文中获取有价值的信息，梳理脉络，引导学生体验读者将说明文读明白为成功；为小伙伴介绍太阳，发挥思维导图有序表达的支架作用。）

任务三：学习"说明白"的写法

1. 复习：为了把抽象复杂的事物说得明白，说明文往往会使用一些方法。关于说明方法，你都知道哪些呢？

预设：举例子、作比较、打比方、列数字。

2. 请同学们默读课文，完成学习任务三。

找画：作者运用的说明方法，用横线勾画相关语句；

批注：批注上作者这样写的好处；

填写：填写表格，在小组内交流说明方法的好处，完善自己的批注。

特点与作用	课文关键语句	说明方法	好处
远			
大			
热			
作用			

（1）列数字

①预设：第1～3自然段列举了一亿五千万、三千五百、二十几、

一百三十万和五千多等数字，列数字突出了太阳远、大、热。

②引导：能不能把这些数字换成很远很远、很多年、很多很多年？（出示：其实，太阳离我们很远很远。到太阳上去，如果步行，日夜不停地走，差不多要走好多好多年；就是坐飞机，也要飞好些年。）再关注"约""差不多""二十几"，感受说明文用词的准确。

（2）作比较

①预设：我从第2自然段的"抵得上"看出，作者使用了作比较的说明方法。课件演示一个太阳等于一百三十万个地球。

②引导思考：作者为什么不拿太阳和木星、火星作比较？课文中还有哪些语句运用作比较的写法？

引导体会恰当使用熟悉事物作比较的好处；继续发现第1自然段，与步行、坐飞机的时间作比较，突出了太阳的远，把太阳和钢铁的温度作比较写出热。

（3）举例子

"到太阳上去，如果步行……也要飞二十几年。""有了太阳，地球上的庄稼和树木才能发芽……繁殖。"举例子的方法，写清楚"远"和人类的关系密切，给人留下深刻印象。

（4）打比方

①预设：作者把太阳比成大火球，打比方说明太阳温度很高。

②引导：打比方生动形象地介绍事物的特点，增添趣味性。

小结：通过自主学习、小组交流，同学们发现文章把太阳"说明白"了的写作秘密：恰当使用多种说明方法，说得更加明白、更加清楚。

3. 争当二星级解说员：借助表格信息，为小组同学介绍太阳的一个方面。

任务四：初试"说明白"的写法

1. 写作背景资料。

《太阳》一文在中华人民共和国成立初期（1953—1957 年）由通俗读物出版社出版在"通俗科学小丛书"中。这套丛书是适合小学文化水平的工人、农民和小朋友阅读的一套科学读物。——"通俗科学小丛书"

2. 争当三星级解说员。这篇课文写于中华人民共和国成立初期，作者选取了当时人们熟悉的事物作比较、打比方、举例子来进行创作。那换成现在，你会如何向大家介绍太阳呢？请大家根据老师搜集的三份资料，选取有用的信息，运用学过的说明方法来写一写太阳。

资料一：你会选择哪种方式去太阳探险？

方式	速度	时间
光	每秒 30 万千米	8 分 19 秒
火箭	每小时 5500 千米	约 3 年
高铁	每小时 250 千米	约 70 年
汽车	每小时 100 千米	约 170 年

资料二：太阳是太阳系的中心天体，太阳直径大约是 1.392×10^6 千米，约是地球直径的 109 倍，体积约为地球的 130 万倍。

资料三：水的沸点为 100 摄氏度，太阳表面温度是水沸点的 50 多倍，钢铁的熔点约为 1500 摄氏度。

3. 交流、自评。

4. 小结：运用不同的说明方法，作者成功地把太阳的特点说明白了，我们也抓住了太阳的特点，用上不同的说明方法，介绍了自己熟悉的太阳，在下节课学习中我们继续学习把事物说"明白"，写"成功"。

（设计意图：习作单元精读课文指向表达。本文创作于 70 年前，随着科技发展，太阳的知识正不断更新、丰富。因此，教师搜集相关资料，引导学生选取有用的部分，运用说明方法，再把太阳的某一特点说清楚，迁移运用"说明白"的写法，写后的评价交流，提升了说明方法的运用。）

5. 作业设计。"初试身手"：选择身边的一个事物，试着运用多种方法来说明它的特征。

板书设计：　　　　　　　太阳

列数字　　　　　　　　　　　　　　准确

作比较　　　　　　　　　　　　　　科学

打比方　　　　　　　　平实

举例子　　　　　　　　　　　　　　形象

3. 古诗教学案例——四年级上册第21课。

《夏日绝句》教学设计

【教材简介】《夏日绝句》是一首借古讽今、抒发悲愤的怀古诗。诗人通过歌颂项羽的悲壮之举讽刺南宋当权者不思进取、苟且偷生的软弱行径。

【教学目标】

1. 会写杰、雄生字。背诵、默写古诗。

2. 通过"读"（诵读）、"借"（借注释、资料）、"议"（说体会），关注主要人物项羽不肯过江东的事件，理解诗意，体会诗情。

【教学重点】

借助注释，关注主要人物项羽不肯过江东的事件，说出自己的体会，感受个人与国家民族共存亡的精神气概。

【教学准备】学生：收集诗人李清照、历史人物项羽的资料；

教师：学习单、课件。

【课时安排】1课时

【教学过程】

课前互动：竞猜游戏，初识英雄

1. 关注事件，竞猜英雄。

同学们，上课前我们一起来玩个游戏——英雄竞猜，在中华民族的

历史长河中，涌现了许多英雄人物：老师说事件，你们猜英雄人物。

2. 复习词语，由词入境。

我们还可以用这些词语来形容英雄，齐读——读一读形容英雄的词语。

板块一：明要素，读诗题，知节奏

（一）明要素

同学们，还记得单元导语的这句名言吗，齐读——"天下兴亡，匹夫有责"。正因为有了担当兴亡责任的英雄们，中华民族生生不息，日益强大。今天我们继续关注古诗中的人物和事件（板书：人物　事件），学习把握古诗内容，体会诗人的情怀。

（二）读诗题

1. 出示诗题：请看，"千古第一才女"李清照，写下的《夏日绝句》。（板书：夏日绝句）

2. 理解诗题：从诗题中你知道了什么？（诗写于夏日）（绝句是中国古诗的一种体裁）

（三）知节奏

1. 古诗富有节奏，五言绝句怎么停顿读出节奏呢？（按"二三"的节奏形式）教师在 PPT 上批注，一起读出节奏。

2. 读诗，不仅可读得抑扬顿挫，还能读得朗朗上口（PPT 显示，红色）。

板块二：借注释，读典故，明诗意

（一）习方法

引导：大诗人苏轼说"三分诗七分读"，诵读是学习古诗的一种方法，（板书——读）说说看，大家学习古诗还有哪些好方法？

预设：借助注释、看插图、请教他人、交流感受、朗读、查阅资料……

师板书：读、借、议

（二）读典故

学习任务：读懂诗句的意思，说说从中体会到了什么。

学习路径：

画一画：画出诗中的人物和事件。

知诗意：我用_____方法，读懂人物和事件，说出诗句的意思。

说体会：从诗中、注释中，我体会到_____。

读一读：想象画面，有感情朗读。

1. 典故1：项羽。

引导：（指着板书）运用这些学习方法学习古诗，出示学习单，读懂诗中的人物和事件。你知道了哪些人物及其事件？（在小组中讨论交流，在学习单中做记录）预设：项羽（板书：项羽）。

（1）关注注释，知人物

师引导：你能介绍一下项羽这个人物吗？

预设1：查资料：秦末自立为西楚霸王，与刘邦争夺天下。

预设2：查注释1. 知道项羽是秦朝末年的起义军领袖，后来与刘邦争夺天下，失败自杀。关注文中注释的有关项羽的信息。

预设3：查注释2. 知道项羽在与刘邦斗争中失败了，有人劝他过长江，再做打算。但他觉得无颜见江东父老，不肯渡江，自杀身死。

预设4：看插图，项羽是个将领，资料里说他能拿起100多斤的兵器，他在乌江畔，以一抵百，斩杀数百人，最后宁死不屈。

（2）对比注释，懂事件

师引导：同学们关注两个注释，一个解释人物项羽，一个解释项羽的事件——不肯过江东。联系两个注释，谈谈（　　）的项羽。

引导：起义军领袖——（明白了英雄的成就）；（不肯过江东的原因）失败自杀，无颜见江东父老。（明白了英雄的壮举）

（3）结合注释，明诗意

"至今思项羽，不肯过江东。"说说这两句诗的意思。

总结方法：借助查资料、注释等方法，读懂诗中的一个典故——项羽，了解诗中的历史人物和事件，读懂诗歌。

2. 人杰、鬼雄典故。

（1）这首诗中还有两个典故，引用古书中的故事，其中的又有哪些人物和事件，（诗句PPT，显示红色）人杰、鬼雄（板书人杰、鬼雄）根据学习单自主学习——

请看（PPT）老师补充的注释，人杰：人中的豪杰。

师引导：人杰和鬼雄是典故，《史记》记载，汉高祖曾称赞开国功臣张良、萧何、韩信是"人杰"。鬼雄：鬼中的英雄。出自屈原《国殇》，歌颂了为国牺牲将士的英雄气概和壮烈的精神。

（2）指导学习"雄"字

"雄"是个形声字，声旁"厷"，形旁"隹"表示短尾巴鸟，书写注意"隹"字。

3. 理解诗意。

预设：生交流诗意，活着的时候是人中的豪杰，死的时候是鬼中的英雄。

（语速慢）小结：通过刚才学习，我们了解到三个人物：项羽、人杰、鬼雄及其三个相关事件，帮助我们了解诗的主要内容。（站板书旁小结，画）

板块三：引资料，思人物，悟诗情

1. 关注诗情。

李清照比项羽晚生了一千多年，她为什么在一千多年后"思项羽"，诗言志，抒发诗人怎样的情怀呢？

2. 读懂诗情。

谁来说说"不肯"可以换成"不能"吗？

诗人用"不肯"这个词，体会到项羽身上什么样的品质？（坚定、宁死不屈、不肯苟且偷生、顶天立地……)

师引导：（根据学生生成使用词）对，这坚定告诉我们，是"不肯"！不是"不能"、请你读——（个别指导：把"不"字加重、拉长，读出态度坚决，读出骨气）。这宁死不屈告诉我们，是不肯，不是"不想"、请你读——；这绝不苟且偷生告诉我们，是不肯，不是"不愿"，请你读——；这就是英雄，英雄告诉我们，是不肯，不是"不去"，请你读——。让我们带着这坚定、这宁死不屈再次全班诵读——"至今思项羽，不肯过江东。"

（师指导朗读："思项羽"高扬，"过江东"重而悠长）

小结：如此气概，让一千多年后的李清照，怀古，思英雄，诗人李清照思项羽，作此诗的原因，同学们跟随老师一同"思"，穿越时空，回到风雨飘摇的宋朝。

3. 引用资料。

（1）观看视频，感诗人之情

观看难逃的短片，感悟诗人对英雄的渴望。

（2）比较诗作，悟诗人之志

陆游在生命弥留之际，还心系国家，他这样写：示儿（课件展示《示儿》，生齐读）；

林升看到南宋统治者醉生梦死，他愤慨地写道：题临安邸（课件展示《题临安邸》，生齐读）；

抗金名将岳飞，一天之内收到13道金牌未改精忠报国初衷，他写道：满江红（课件展示《满江红》，生齐读）……靖康耻，犹未雪。臣子恨，何时灭！——岳飞；

人生自古谁无死，留取丹心照汗青。——文天祥

国破家亡，李清照面对浩浩江水，她吟道：_____；朝廷的腐败，只图安逸，她愤慨：_____；外敌入侵，山河破碎，她渴望：_____这就是李清照！"生当作人杰，死亦为鬼雄。"这就是中国魂！

读着读着，从诗人的这两句诗中你体会到什么？（PPT 出示课后练习）

┃词句段运用┃

想一想，用上这些词语说体会。

志存高远　精忠报国　大义凛（lǐn）然　英勇无畏（wèi）

视死如归　铁面无私　秉（bǐng）公执法　刚正不阿（ē）

报效祖国　宁死不屈　建功立业　威武不屈

交流感受，引导：运用语文园地学习的词语说说体会。

预设 1：体会到李清照心中对当今朝廷感到愤慨，渴望有顶天立地的英雄出现拯救宋氏王朝。

预设 2：多么希望自己能上阵杀敌，报效祖国。

预设 3：体会到李清照称赞项羽是人中的豪杰，死了是鬼中的英雄，体现诗人的爱国情怀。

小结：诗人借史实来抒写满腔爱国热情，在李清照心中英雄就应当是项羽，活着要堂堂正正，死也要轰轰烈烈，项羽就是李清照心中的人杰也是鬼雄。全班诵读——"生当作人杰，死亦为鬼雄。"

板块四：能背诵，会传唱，承责任

1. 扣要素，总结学法。

今天我们抓住单元要素，关注人物及其事件，学习了古诗主要内容，还借助资料和注释，加深对古诗的理解，希望同学们用这些方法敲开古诗学习的大门；同时，又认识了一位英雄——项羽，一位富有爱国情怀的女中豪杰——诗人李清照，让我们铭记英雄的精神——（手指板书）齐读——"天下兴亡，匹夫有责。"

2. 承责任，吟诵默写。

出示 PPT，配乐：在纪念中国人民抗日战争暨世界反法西斯战争胜利 69 周年座谈会上，习近平总书记深情地说："中国人民向世界展示了天下兴亡、匹夫有责的爱国情怀，视死如归、宁死不屈的民族气节。"

3. 课后练，运用学法。

当优秀文化的传播者：把《夏日绝句》吟诵或吟唱给弟弟或妹妹听。

当优秀文化的研究者：研读古诗《示儿》《过零丁洋》，或看央视纪录片《长征》《英雄儿女》。

附板书设计：

夏日绝句

人物　　　　事件
项羽　人杰　鬼雄　不肯过江东
读、借、议、引

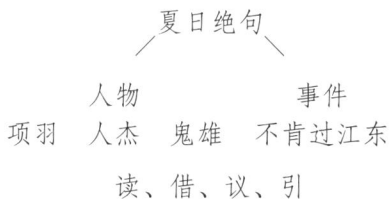

第三节　导评：文体类要素的学业评价

据体而评，在教学的评价中，文体类要素同样具有导向作用。着眼文体特点，依据文体要素的评价标准，设计评价量表；结合文体要素的学习活动，开展课堂教学评价；运用文体要素的评价结果，即时调整改进教与学。发挥要素的评价导向作用，落实教—学—评的一致性，提升文体类要素学习的实效。

一、依据评价标准设计量表

评价量表是重要的评价工具，根据本章节第一节的文体类语文要素的评价框架"表6－1"以及"单元核心目标和评价标准"，结合教学内容，制定学习评价量表，发挥文体要素的评价导向作用。

在任务设计时，教师综合考虑任务如何指向教学目标，如何随着任务的开展落实目标和学业水平。例如，设计《太阳》一课的评价量表，我们根据由学段和单元教学目标、本课的教学内容、学业水平等有关说明文体教—学—评的关键信息，整合而成的"表6－1"说明文类的评价框架和"表6-4单元核心目标和评价标准",立足本课以读学写教学重点,结合学习任务的内容,确定本课文体表达方面的评价要点为尝试运用说明方法,分段介绍事物的不同方面,写清事物的主要特点,制定评价量表"《太阳》学习评价单",如下表:

表6-5 《太阳》学习评价单

学习任务二、梳理"说明白"的顺序	一星级解说员标准
借助思维导图,向同桌同学简要介绍太阳知识	1. 能按顺序说清楚☆
学习任务三、学习"说明白"的写法	二星级解说员标准
借助表格信息,向小组同学介绍太阳的一个方面	1. 能够运用准确的语言☆ 2. 能用恰当的说明方法☆
学习任务四、初试"说明白"的写法	三星级解说员标准
选用资料信息,向全班同学把太阳特点说明白	1. 能用合适的资料信息☆ 2. 能用恰当的说明方法☆ 3. 能分段介绍太阳特点☆

二、结合学习活动开展评价

在任务进行时,教师和学生都以教学目标指引、评价自己教与学的活动。除了结合学习任务拟定评价量表标准,课堂评价的实施,仍然在任务完成的过程中同步进行。再如《太阳》一课,将第三学段说明文体的阅读与表达的目标要点,嵌入三大学习任务中,从梳理"说明白"的顺序结合、学习"说明白"的写法,初试"说明白"的写法的读写任务,创设争当一星级、二星级、三星级解说员的活动,这是阅读与表达活动统整的真实情境和任务,激发了学生的学习动机实现自主学习,落实了说明文体习作单元的第一篇精读课文的习作目标。在评价活动中,为同桌同学简要介绍太阳的知识,以同桌互评的方式,展开评价。为小组同学介绍自己感兴趣的太阳的某一个方面的特点,采用小组同学互评。为全班同学介绍太阳,采用了教师评价、自评的方式。借助学习一评价单，在丰富的任务环节，评价方式的多样、评价主体的多元，夯实了学生的语文知识，强化了语文能力，发展了语文核心素养。

三、运用评价结果改进教学

评价不仅反馈教与学的成效，还利教助学，引领师生成长，突破当前文体学习知识浅、运用浅、思维浅的现状。将学习评价嵌入学习活动中，有利于即时、清晰地反馈学习水平，学生对照评价标准，了解自己的学习成效，反思、调控自己的学习；教师参照评价标准，了解自己的教学实效，反思、改进自己的教学。

在教学二年级下册《我是一只小虫子》时，教学评价关注学生阅读的过程性表现。我以课后习题"小虫子的生活有意思吗?"引导学生进行整体感知文本。这项学习活动与单元语文要素相关，也是本课的重点目标，这一项活动的评价标准是第一学段"阅读与鉴赏"活动的学业质量描述：能根据提示提取文本的显性信息；能通过关键词句，作简单推测。在师生对话交流中，观察到大部分学生不能依据课文结构特点，抓住课文开头的设问，对比着读出伙伴们和"我"对生活的多元理解。

于是，我分析"学不足"过程性表现背后的"教之失"：这项内容属于理解层级的认知，需要引导学生提取文中明显的信息、做出简单推论、形成解释，是二年级阅读教学的难点；此外，虫子们的生活是否有趣，是学生"想知"的，但他们还未"能知"。在此基础上，我又进一步思考：如何指导学生阅读、想象、交流，进而达成语文要素、实现教学目标?

这样，我就将教学上的不足作为反思的起点，开始着手改进教与学：①默读故事，画出课文中带有"当一只小虫子"的四句线索句，交流自己的发现，并借助这些信息说一说当小虫子的"不好"和"不错"。②"趣"读第 2 段，交流小虫子之苦。③品读第 3－7 自然段，交流小虫子之乐。这样，就搭建了一个童话文体教学阅读和表达、思维共生的课堂。

借助教学评价，我们不仅更有针对性地发现教学问题，根据问题进行反思，根据反思进一步探索，让教与学的改进有的放矢；同样，我们也能更精确地定位成功教学的经历，精细地分析可行的教学经验，精确地提炼为教学规律。

参考文献

中华人民共和国教育部. 义务教育语文课程标准（2022 年版）[M]. 北京：北京师范大学出版社，2022.

中华人民共和国教育部. 义务教育语文课程标准（2011 年版）[M]. 北京：北京师范大学出版社，2011.

中华人民共和国教育部. 义务教育数学课程标准（2022 年版）[M]. 北京：北京师范大学出版社，2022.

中华人民共和国教育部. 普通高中语文课程标准（2017 年版 2020 年修订）[M]. 北京：人民教育出版社，2020.

课程教材研究所组织编写，义务教育语文课程标准修订组编写，郑国民，李宇明主编. 义务教育语文课程标准（2022 年版）解读 [M]. 北京：高等教育出版社，2022.

教育部组织编写. 义务教育教科书语文（一至六年级上、下册）[M]. 北京：北京师范大学出版社，2021.

人民教育出版社，课程教材研究所，小学语文课程教材研究开发中心. 义务教育教科书 教师教学用书 语文（三至六年级上、下册）[M]. 北京：人民教育出版社，2019.

拉尔夫·泰勒. 课程与教学的基本原理 [M]. 施良方，译. 北京：

人民教育出版社，1994.

叶至善，叶至美，叶至诚编. 叶圣陶集（第1—25卷）［M］. 南京：江苏教育出版社，1993.

洛林·W. 安德森，等. 布卢姆教育目标分类学（修订版）［M］. 蒋小平，罗晶晶，张琴美，译. 北京：外语教学与研究出版社，2009.

陈先云. 统编小学语文教科书中语文要素的内涵及其特点［J］. 课程·教材·教法，2022（3）：28—37.

陈先云. 课程观引领下统编小学语文教科书能力体系的构建［J］. 课程·教材·教法，2019（3）：78—87.

吴忠豪. 语文教学内容科学化的三次探索［J］. 语文建设，2020（18）：18—23.

魏斯化. 概念、任务与进阶：大单元教学的着力点——三年级上册第六单元解读与设计思路［J］. 语文教学通讯，2021（27）：70—72.

李家栋. 例谈统编教材中语文要素的理解与教学实施［J］. 语文建设，2020（20）：35—38.

王荣生. 阅读策略与阅读方法［J］. 中国教育学刊，2020（07）：72—77.

郭忠英. 以学习为中心：教学反思转型的取向探析［J］. 福建教育，2022（23）：30—32.

王洋. 学生理解视域下的小学高年级语文阅读教学的个案研究［D］. 博士学位论文，东北师范大学，2018.

傅登顺. 统编教材阅读策略单元编排特点与教学策略［J］. 教学与管理，2021（2）：43—46.

王湛月，魏小娜. 阅读策略的内涵、类型与测评方法探析［J］. 语文教学通讯·小学，2022（10）：54—57.

郑宇. 阅读策略：让学生觉察学习的路径［J］. 语文建设，2020（10）：4—9.

指向语文要素的教学与实践

郭忠英. 在思变与守常中翻转语文课堂——以《七颗钻石》的本土化实践为例 [J]. 福建教育，2015（21）：19－21.

沙丽. 基于文体意识下的语文阅读教学研究 [D]. 硕士学位论文，云南师范大学，2020.

何致文. 统编教材文体组元单元的编排思路与教学建议 [J]. 语文建设，2020（08）：52－54.

后记

写在榴花照眼时

五月榴花照眼明，枝间时见子初成。——韩愈《题榴花》

此刻，再次阅读这本书稿，我诧异于自己竟然完成了这项专业的大工程。

写这本书，缘于教育行走中的专业需求和实践经历。多年来，自己除了在学校承担一线语文教学工作，担任青年教师的导师、兼职教研员，还兼授高校的小学语文教材解读课程。这些经历，推动着我不断学习课程和课标的前沿理念，不断生成教学和研究的实践智慧。

正如李·舒尔曼所言："一个专业人员只停留在理解层面是远远不够的……一个专业人员不管他是否已经拥有足够的信息，都要准备好去行动、去执行、去实践。"

思考萌发专业行动。基于《课程标准（2022 年版）》，我们探寻将其融入语文课堂的逻辑、方式与路径；关注语文核心素养，我们探究语文要素对教、学、评的导向功能。以期为一线教师提供理论理解与教学实践的思路。

实践产生研究成果。语文要素导向的教学，为基于核心素养教育改

指向语文要素的教学与实践

革的课堂教学转型，提供了教学实践的范式。从教的角度，聚焦要素，选择教学内容和教学方式，落实"教什么""怎样教"，让教有方向；从学的角度，围绕要素，确定学习活动和学习方式，落实"学什么""怎样学"，让学有成效；从评的角度，指向要素，确定评价内容和方式，落实"教得怎样""学得怎样"，让评有抓手。通过互为关联、层层递进的学习活动，发挥要素对教、学、评的导向功能，有效推进学生语文核心素养的形成与发展。

那就提笔写下来吧。即使核心素养、课程标准的实践是复杂的系统工程，我们仅对它进行有限地探索，研究的成果还存在一定的局限。由于时间关系和研究水平所限，书中不足与不当之处在所难免，恳请专家和同仁们批评指正。

感谢徒弟们相伴前行。每一次备课、研磨，是充满新奇的探索，是充满愉悦的创造，更是充满智慧的成长。俞程硕博学聪慧，林素清善于思考，程秀敏长于实践，张娟精益求精，江榕勤学好问，聂建榕另辟蹊径，王婧灵动跳跃，林璐璐含蓄内秀……

感谢沈群老师的编审。让我不断突破理解的畛域，不断被赋予表达的力量。

感谢家人的支持敦促。感谢先生和儿子相伴与支持，感谢姐姐引领和敦促。

值此书付梓之时，希望将这本书之于我的幸福，传递给行走在教育路上的老师们，衷心祝福大家一路前行，一路收获。

郭忠英

2023 年 5 月